JN441163

사주명리 입문서

우리 아이 설명서

사주명리 입문서 우리 아이 설명서

사주명리로 쉽고 간단히 우리 아이의 성격과 적성을 분석하다

초판 1쇄 발행 2026년 2월 27일

지은이 태천(台千)
펴낸이 장길수
펴낸곳 지식과감성#
출판등록 제2012-000081호

교정 한장희
디자인 이현
편집 이현
검수 정은솔
마케팅 김윤길

주소 서울시 금천구 벚꽃로298 대륭포스트타워6차 1212호
전화 070-4651-3730~4
팩스 070-4325-7006
이메일 ksbookup@naver.com
홈페이지 www.knsbookup.com

ISBN 979-11-392-3090-1(03180)
값 17,000원

지식과감성#
홈페이지 바로가기

사주명리 입문서

우리 아이 설명서

태천(台千) 저

사주명리로 쉽고 간단히
우리 아이의 성격과 적성을 분석하다

지식과감성#

머리글

영화 속에 나오는 FBI의 활약상에 매료돼 경찰 공무원으로 근무하다 현실과 적성에 맞지 않아 그만두고 다른 일하는 친구, 본인의 타고난 자유분방하고 위계질서를 못 견뎌 하는 기질을 알지 못하고 주변의 기대와 부모의 바람에 공기업에 입사했다가 그만둔 후배, 자기의 적성을 잘 살려 군인으로 크게 성공한 선배 등 각자 자신만의 방식으로 치열하게 인생을 살았을 테지만, 그 결과와 행복도는 다를 것이다.

자기의 내재된 성격과 적성을 모른 채 단지 좋아 보여서, 부모가 원해서, 깊이 고민하지 않고 직업을 선택한 사람들은 삶의 만족도가 낮은 채로 살고 있고, 본인의 적성을 잘 살린 일을 하는 사람들은 만족도가 높으며 그 끝에 성공의 열매까지 딸 수 있게 되는 것이다.

이 책은 부모의 시각에서 자녀의 적성을 찾고 올바른 길로 인도하는 안내서 역할을 목표로 집필하였다. 대부분의 사람은 사주명리학은 운명을 결정하는 '운명 순응적 학문'으로 알지만, 그보다는 타고난 성격과 적성을 통해 나와 아이에게 적합한 재능과 직업, 직장을 찾아가는 '운명 개척적인 학문'에 더 가까운 게 사실이다.

직장과 사업, 육아로 바쁜 부모가 사주명리를 아예 모르더라도 짬짬이 시간을 내어 책을 읽는다면 어렵지 않게 아이의 적성을 찾을 수 있게끔 하는 것이 저술의 기본 방향이었다.

최대한 쉽게 집필하다 보니 용신, 격국, 십이운성, 왕상휴수사, 지장간, 합충형파 등등의 사주명리 이론은 기술하지 않았다. 초보자가 이해하기에는 너무 복잡하고 논점이 흐트러질 수 있기 때문이다.

다소 이론적 요소가 부족하지 않을까 하는 마음도 없지 않으나, 본저에 기술된 오행과 십신만으로도 자녀의 적성을 파악하는 데에는 충분하다고 생각한다.

성공한 자녀는 아니어도, 삶이 행복한 자녀가 되기를 원하는 건 모든 부모의 같은 마음일 것이다. 2주 동안 짬짬이 읽어 나간다면 우리 아이가 건강하고 행복한 사람으로 성장하여 훌륭한 사회 구성원이 되는 데 밑거름이 될 것으로 확신한다.

2025년 여의도 연구소에서

태 천(台 千) 拜

목차

운명은 무엇으로 결정되는가

사람은 나의 뜻과 상관없이 태어난다. 재벌 집 아들로도 가난한 집 딸로도, 고아로 태어나 보육원에 자라는 것도 모두 나의 의지와는 상관없이 하늘에서 정한 것이다.

똑같은 사주를 갖고 태어날 확률이 대략 50만분의 1, 거기에 남녀 성별이 달라지므로 약 100만 분의 1의 확률이다. 그러면 같은 사주이면 모두 같은 모양으로 살 것인가?

쌍둥이는 성격, 직업, 남편, 병, 자녀 등에서 유사성이 있다는 말인가? 그렇지 않다. 쌍둥이라도 출발점이 모두 같은 것은 아니다. 태어나자마자 한 명은 동생이고, 한 명은 형 또는 언니이니 육친 관계에서 필연적 차이가 발생하고, 손금까지 일치하지는 않는다.

그보다 더 중요한 건 사주가 인생 운명에 차지하는 비중은 60~70%이기 때문에, 동일한 사주라도 살아가는 방식과 부, 배우자, 자녀 등의 차이가 발생할 수밖에 없다.

즉 나머지 30~40%는 다른 요인으로 인해 삶의 형상이 완성된다는 것이다. 운명의 부귀 빈천, 건강, 삶의 방향성, 자녀복 등은 아래 여섯 가지 요소로 결정된다.

1. 命(명) - 사주팔자
2. 時(시) - 태어난 시기
3. 相(상) - 관상
4. 門(문) - 가문
5. 宅(택) - 태어난 곳
6. 修(수) - 수양

첫째, 사주팔자이다.

사주팔자는 성격과 적성, 길흉과 부모, 부인과 재물, 인생의 변곡점 등 많은 부분의 내용을 포함하고 있다. 즉 좋은 사주를 갖고 태어나면 좋게 살 팔자는 최소 6~7할 이상은 된다는 이야기이다.

한겨레신문에 소개된 동일한 사주를 가진 경찰관의 스토리를 보면, 놀랍도록 비슷한 삶을 살아왔다.

같은 순천경찰서에 근무하는 두 경찰관은 같은 O형의 혈액형, 아내의 혈액형은 모두 A형, 둘 다 아내는 5살 연하, 두 딸을 두었으며 두 딸의 나이 차이도 같고, 같은 날 입대, 같은 날 결혼, 같은 신혼여행지, 동일한 경찰임용일, 진급일, 부친 사망의 나이도 같으며, 한때 같은 아파트에 거주, 식성과 기호 성격도 비슷하다는 등 상당히 유사한 인생을 살아온 것으로 소개된 바 있다.[1]

동일한 사주라면 인생 궤적의 유사성 또한 6~7할 이상 된다.

두 번째로 태어난 시기이다.

다음은 동일 사주에 관한 극단적 비교이다.

己	戊	辛	丙
未	辰	卯	子

1576년 3월 14일 미시 출생자와 1996년 4월 1일 미시 출생자의 사주는 같다. 다만 태어난 시기가 420년 차이를 보일 뿐이다.

1 "어찌 이런 일이...생일·입대·결혼 날까지 '데칼코마니' 두 경찰", 2019.10.19, 한겨레신문

동일 사주라도 시대에 따른 신분제, 사회적 제도적 규범, 지정학적 리스크, 기술 및 의학 발전 등의 외부요인에 의해 삶의 궤적 전체가 달라질 수 있다.

이 가상의 두 사람이 살아온 외부 환경을 비교해 보자. 1576년생은 말 그대로 '헬조선'을 겪은 시대의 사람이다. 17세의 나이에 임진왜란으로 전 국토가 유린당하였으며, 5년 뒤 왜와 명나라, 조선의 휴전 협상 결렬로 왜군이 병력 10만 명으로 재침공하였다. 52세가 되던 해 정묘호란이 발발하였으며, 10년 뒤인 62세 되던 해 후금이 조선을 침략하였다. 병자호란으로 조선인 50만 명이 포로가 되어 만주로 끌려갔다.

그럼 같은 사주를 지닌 1996년생은 어떠한가?

전쟁이 발발하지도, 먹을 게 없어 소나무 껍질을 벗겨 먹지도 않기에 아사로 사망할 확률은 극히 낮다. 선진적인 의료 기술 덕분에 420년 전 동일 사주인과 비교하면 질병, 감염으로 인한 사망할 확률 또한 낮다. 전쟁 포로로 끌려가 온갖 비인간적인 취급을 받을 일도 당연히 없다.

연도	나이	1576년생	1996년생
1592년 2012년	17세	임진왜란	북한, 김정은 시대 개막 중국, 시진핑 시대 개막
1597년 2017년	22세	정유재란	포항지진 미국, 트럼프 당선 중국, 사드 경제보복 북한, 핵실험
1627년 2047년	52세	정묘호란	
1637년 2057년	62세	병자호란	

이렇듯 시대적 환경 차이로 인해 '동일 사주인'이라 해도 살아가는 궤적은 180도 달라지게 된다.

세 번째로 관상이다.

관상은 수상 즉 손금을 포함한다. 아무리 일란성 쌍둥이라 해도 관상과 손금까지 같을 순 없다. 미세한 주름의 변화 차이가 두뇌, 감정, 사업, 직업, 자식, 남편과 부인복의 좋고 나쁨을 나눈다.

〈출처: 영화「관상」〉

초년복이 좋으면 좋은 부모, 좋은 환경에서 성장하여 성공할 수 있으며, 중년복이 좋으면 사업 확장, 승진, 영전 등 남들보다 쉽게 갈 수 있을 것이며, 말년복이 좋은 관상은 젊은 시절 힘들었어도 노년에 행복을 느낄 수 있을 것이다. 찢어지도록 가난한 재개발 판자촌 산동네에 태어나 형편상 배움의 기회를 얻지 못하여 대학에 진학하지 못하였다고 해도 정우성의 관상으로 태어나면 또 인생을 멋들어지게 살 수 있다.

그러니 관상은 삶의 중요한 요소이다.

넷째로, 어디서 태어났는지도 중요하다.

즉 어디 집안에서 어디 가문에서 태어났느냐가 중요하다.

사주팔자가 나쁘고 관상이 좋지 않아도 재벌 집 손자로 태어났다면? 부인복이 없어도 건강하지 않아도 말년운이 좋지 않아도 일반인보다 더 충분히 잘 살 것이다.

잦은 병치레도 현대의술로 해결할 수 있고, 부인복이 없어도 다른 부인을 또 얻으면 그만이기 때문이다.

행복의 기준을 어디에 두느냐에 따라 다르지만, 좋은 가문, 부유한 가정에서 태어났다면 그렇지 않은 가정에서 태어난 사람보다 적어도 물질적으로 고통받는 삶을 살지는 않을 것이다.

좋은 가문에서의 출생은 물질과 재산이 행복의 기준이라면 행복한 삶을 누리는 것이다.

다섯째로 태어난 곳도 중요하다.

과거 농경사회에서의 택은 지역별 차이를 말했지만, 현대와 같이 글로벌한 사회에서는 나라로 보는 것이 맞을 것이다.

동일한 사주와 동일한 능력을 갖추고 있다고 해도, 테러와 전쟁이 빈번한 팔레스타인 가자지구에 살고 있는 어린이와 덴마크에서 살고 있는 어린이는 완전히 다른 삶을 살 것이다.

어린이의 잠재된 능력은 환경적인 요소에 의해 크게 발현될 수 있다. 체계적인 시스템과 교육환경으로 사람을 살리는 의사도, 노벨상을 받는 과학자도, 축구 스타도 될 수 있으나, 그런 기회조차 박탈된 나라에서 태어난다면 그 아이는 커서도 그냥 그렇게 살아갈 가능성이 높다.

인생의 운로에서 태어난 나라는 매우 중요한 요소이다.

마지막으로 수양이다.

유일하게 자기가 자유의지로 개선할 수 있는 부분이다. 요즘은 관상도 자기 뜻대로 바꿀 수 있지만 일반적으로 그렇다는 것이다.

얼마 전 '흑백요리사'가 방영되어 대한민국에 요리 예능 열풍이 불었다. 그중 '철가방 요리사'로 출연한 셰프는 어려운 가정환경과 고아원 생활로 불우한 청소년기를 보냈는데, 훌륭한 요리사가 되겠다는 일념 하나로 중식당 배달 일부터 시작하였다고 한다. 노력과 끈기로 요리 실력을 갈고닦아 지금은 성공한 어엿한 오너셰프가 되었다.

자기의 비천한 운명을 자기의 의지를 통해 성공적인 운명으로 바꾼 것이다.

집안이 좋지 않고 조금 못생겼어도 자신의 노력으로 갈고닦아 기술을 연마한다든지, 공무원 시험에 합격한다든지 아니면 육체를 단련해서 메달을 따거나 체육관을 운영한다든지 충분히 삶의 방향을 자기의 의지대로 갈 수 있다는 말이다.

개천에서 용이 나는 케이스, 본인의 사주와 관상을 바꾼 케이스는 수없이 많다. 주어진 운명에 체념하지 않고, 본인의 적성을 파악하고 길흉을 미리 알고 대비하여 올바른 길로 꾸준히 수양한다면 얼마든지 인생을 성공적으로 바꿀 수 있는 시대이다.

명리학이란

1. 명리학이란

복희씨(伏羲氏)가 황하에 나타난 용마의 등에 있는 그림의 형상을 보고 천문 지리를 연구하고 만물의 변화를 살펴 선천 팔괘(先天八卦)를 만든 뒤, 문왕(文王)이 육십사괘(六十四卦)와 괘효사(卦爻辭)를 만들었다.

역학은 주역을 연구하는 학문이다. 주역은 음양의 원리로 천지 만물이 변화하는 현상을 설명하고 해석하기에 역학은 주역과 같은 시기에 발원하였다.

명리학은 수많은 역학의 한 분야인데, 사람이 출생한 연·월·일·시의 천간과 지지 여덟 글자에 나타난 음양오행의 작용을 연구하여 사람의 성격과 운명을 예측한다.

기문둔갑과같이 복잡하지 않으면서 비교적 손쉽게 성격과 운명을 판단하고 있어 널리 전파되고 있다.

2. 명리학의 역사

춘추전국시대에 이르러 동서양 교류를 통해 서양의 별자리와 운명론이 동양에 전파되었다. 기존의 동양 사상에 혼합되어 태양계의 영향을 받은 오행성(五行星)으로 운명을 예측하는 오행학설이 만들어졌다. 현재 우리가 사용하는 연·월·일·시 간지로 기록한 것은 동한(東漢) 순재(順宰) 서기 126년 이후부터이다.

당나라 말 송나라 초 이허중(李虛中)은 연주(年柱)를 중심으로 판단하는 이허중명서(李虛中命書)를 만들었고, 서자평(徐子平)은 연주 중심의 명리학을 일간(日干) 중심으로 판단하는 이론을 창안하였으며, 연해(淵海)와 비결집 연원(淵源)을 합본하여 연해자평(淵海子平)이라는 책을 저술했다.

명나라 때는 사주학이 많이 발전하였는데, 장남(張楠) 선생은 명리정종(命理正宗)을 저술하고, 만육오(萬育吾) 선생은 삼명통회(三命通會)를 저술하였고, 명나라의 개국공신이던 유백온(劉白溫) 선생은 적천수(滴天隨)를 저술했다.

우리나라의 조선시대에는 성균관(成均館)에서 태조 7년(1398)에 논어, 맹자, 대학, 중요 등과 더불어 주역(周易)을 가르쳤다.

청나라 중엽의 심효첨(沈孝瞻) 선생은 자평명서의 3대 보서인 자평진전(子平真詮)을 저술하였고, 임철초(任鐵樵) 선생은 적천수천미(適天隨闡微)를 저술하였다.

1935년 서락오(徐樂吾) 선생은 난강망(欄江網)이라는 책에 주석을 달아 궁통보감(窮通寶鑑)을 펴내고 적천수징의(適天隨徵義)를 저술했는데 적천수천미(適天隨闡微)에서 진솔할 선생의 주석 부분을 삭제한 것이다.

근대에는 위천리(韋千里) 선생의 명학강의(命學講義)와 팔자제요(八字提要)를 저술하였다. 우리나라에서는 도계 박재완(朴在玩: 1903~1992) 선생이 위천리의 명학강의(命學講義)를 번역하여 명리요강(命理要綱)을 저술했고, 위천리의 팔자제요(八字提要)를 번역하여, 일지론을 첨가한 후 명리사전(命理辭典)을 저술하였다.

1일 차.
명리학의 기초이론 (1)

1. 음양(陰陽)과 오행(五行)

(1) 음양

음양(陰陽)은 그늘 음(陰)과 볕 양(陽)의 회의(會意) 자이다. 음(陰)은 '그늘'이나 '응달', '음기'를 의미하고, 양(陽)은 '양달', '볕', '낮'을 의미한다.

음양은 동양의 이분법적인 분류 개념에서 시작해 현상과 사물들을 서로 상대적이거나 상반되는 두 개의 측면으로 나누고, 이것을 각각 음과 양이라는 말로 일반화한 것으로 의미가 확장되었다.

<음양 형상>

음(陰)	양(陽)	음(陰)	양(陽)	음(陰)	양(陽)
여자	남자	멈춤	운동	물	불
땅	하늘	겨울	여름	뒤	앞
달	해	적음	많음	오른쪽	왼쪽
밤	낮	약함	강함	오목	볼록
아래	위	짧음	강함	무형	유형
짝수	홀수	모친	부친	가을	봄
어둠	밝음	아내	남편	병	약

음양은 상반의 속성을 가졌다. 남과 여, 물과 불, 밝음과 어두움 등은 상반의 속성에 따라 분류된 것이다.

음양은 서로 의존한다. 음양의 의존성에 의해 음과 양은 서로 균형을 유지한다. 만약 이 균형이 깨지면 태과(太過)로 그 사주가 파격(破格)이 된다.

음양은 변화한다. 높은 것을 양, 낮은 것을 음으로 보나, 음으로 보았던 '낮은 것'보다 '더 낮은 것'과 비교할 때는 양이 된다.

음양은 서로 선호하는 경향이 있다. 남자가 여자를 좋아하고, 자석의 N극은 S극과 향하며, 물은 높은 곳에서 낮은 곳으로 떨어진다. 음은 양으로 양은 음으로 향하는 속성이 있다.

(2) 오행(五行)

오행(五行)이란 말은 요순시대 '상서(尙書)' 감서편(甘誓篇)에 처음 등장하는데 "수(水)는 적셔 내려가고, 화(火)는 타오르며, 목(木)은 굽고 곧으며, 금(金)은 따르고 바뀌며, 토(土)는 심고 거둔다"라며 오행의 특성을 설명하였다.

<오행의 기본적 성질>

목(木)	출생, 시작, 희망, 진취, 생동, 솔선, 인자, 고집, 상승, 자상, 낙천
화(火)	성장, 확산, 활발, 명랑, 솔직, 성급, 폭발, 즉흥, 예의, 열정, 폭열
토(土)	조화, 화합, 과묵, 신뢰, 소극, 안정, 중재, 충실, 신뢰, 포용
금(金)	수확, 결실, 강직, 냉혹, 승부, 살기, 예리, 의리, 변혁, 결단, 폭력
수(水)	저장, 영리, 은밀, 사교, 계책, 지혜, 잔꾀, 적응, 융통성, 색정, 내숭

자연계 만물의 발전과 변화는 다섯 가지의 상이한 속성의 물질이 끊임없이 운동하고 상호 작용한 결과로 해석하며 동양만의 독창적인 철학사상을 담아내고 있다.

① 목(木)은 발생과 시작이며 생명이다

목은 생명의 탄생으로 살아있는 생물이 하늘의 양기를 호흡하고 땅의 물질을 쉴 새 없이 흡수하는 형상을 표상(表象)한 것으로 목은 생명이 발동하는 시발점이다.

화금(火金)이나 토수(土水)는 물질적 형상과 에너지는 가지고 있으나, 하나의 성질과 특성만을 갖고 있으나 목은 오행의 다섯가지 성질을 고루 갖추고 있다.

목(木) 속에 들어 있는 화(火)의 성질은 꽃으로서 목의 기운이 넘쳐흐르면 꽃이 피고 목 속에 들어있는 금의 성질은 단단하게 열매를 여물게 하고 나무 자체도 단단하게 하며 속에 들어있는 수의 성분은 수분이고 씨앗이다.

목은 또 다른 생명을 키워내기도 하기에 토의 성질도 갖고 있다.

② 화(火)는 성장과 변화, 분열과 번성, 허장성세

태양의 빛과 열 때문에 만물의 씨앗을 생물로 움트게 하고 잎과 꽃을 피우는 등 온갖 변화의 원동력이 되며, 우주는 캄캄한 지옥에서 광명을 보고 지구는 엄동설한의 동토가 되지 않는 것이다. 나무가 자라나면 꽃이 피고 해가 중천에 오르면 뜨거운 열기를 내뿜으며, 소년이 성장하면 불처럼 정열적인 청년이 되듯이 꽃과 여름 등을 상징하는 오행을 화라 한다.

불은 가벼워 아래에서 위로 올라가고 확산되며 주위 모든 것을 태우고 파괴하니 분열을 상징한다. 불은 뜨겁고 밝으며 강렬하여 주위를 따뜻하게 해주고 어둠을 환하게 밝히니 번성을 의미한다.

그러나 그렇게 맹렬하고 화려한 불빛도 만져보면 아무것도 잡히지 않는 빈 껍데기이기에 화려해도 실속 없는 허장성세의 성질도 있다.

화(火)는 연료 없이 존재할 수 없다. 태양의 불꽃도 태양에 가득한 헬륨과 수소의 기체를 연료로 하여 발산하는 것이다. 기름(水)과 연료(木)의 질량에 정비례하며 연소한다. 수와 목이 뒷받침하지 않는 화는 연소될 수 없으므로 화의 성질을 발현할 수 없다.

③ 토(土)는 만물의 자궁이며 음양의 결합체

오행 중 음양을 고루 갖추고 있는 오행은 오직 토(土)뿐으로 양을 의미하는 「+」 자와 음을 상징하는 「-」 자를 합친 음양의 통일체로 모든 것을 조절하고 수용한다.

어린 새싹[木]이 성장하여, 아름다운 꽃[火]으로 변하고, 꽃이 지면 열매[金]가 생기듯이, 소년이 자라나면 청년[火]이 되고, 자식[土]을 낳는데, 그 열매를 창조하는 어머니의 자궁이 바로 흙인 토로서 흙이 없으면 씨앗을 뿌릴 수 없고 자랄 수도 없다.

식물(木)은 물론 물(水) 역시 흙(土) 위에서 흐르고 화(火)도 흑 위에서 타며, 금(金) 역시 흙 속에서 캐내니 흙은 오행의 자궁이요 보금자리이다.

④ 금(金)은 열매이자, 단단한 금속이다

꽃이 피고 잉태한 열매가 자라서 무르익으면 곡식이나 과일처럼 단단한 오곡백과로 변하니 열매를 금이라 하며 금은 돈으로 통하고 경제로 통용된다. 하루의 결실은 저녁이고 일 년의 결실은 가을이며 인생의 결실은 장년이다.

오행 중에서 가장 강건한 성분으로 단단해야 대우를 받고 그 단단함은 열을 견디고 나온 다음에 얻어지는 것이기에 고열을 받을수록 더욱 단단해진다.

금은 또 무엇을 잘라내고 도려내는 연장으로서 견제의 기능이 있어 생명을 죽이는 힘, 날카로움, 매서움 등을 지니고 있다.

⑤ 수(水)는 젖줄이자 정신의 원동력이다

모든 것은 양의 기(氣)와 음의 질(質)로 만들어진 음양의 조화이듯이, 물 또한 음인 수소와 양인 산소로 이루어져 대지를 촉촉이 적시고 생기와 윤기를 흐르게 하여 만물의 씨앗을 부화시키고 동물과 식물을 성장시킨다.

정신과 육신이 다 같이 수의 작용으로 수가 풍족하면 육체가 건강하면서 정신도 건전하고, 수가 부족하면 육체도 정신도 허약해진다.

따라서 수가 풍부하면 정신력이 왕성하여 포부와 야망도 크며, 수가 부족하면 큰 뜻과 욕망을 성취하기가 어렵다. 그러나 수(水)의 기운이 태과하면 사기성이 짙거나 이성 문제로 패가망신할 수도 있다.

2. 상생상극(相生相剋)

(1) 상생(相生)

상생(相生)이란 '서로 상(相)'과 '살릴 생(生)'이 합쳐져서 '서로가 서로를 살린다'라는 뜻이 있다. 생이란 '낳는다'라는 뜻도 되고 '살린다'라는 뜻도 가지고 있으며, 넓게는 '보호한다'라는 뜻으로 해석하여, 상생이란 한마디로 '서로를 돕고 이해하며 서로를 위해 더불어 살아가는 관계'라고 말할 수 있다.

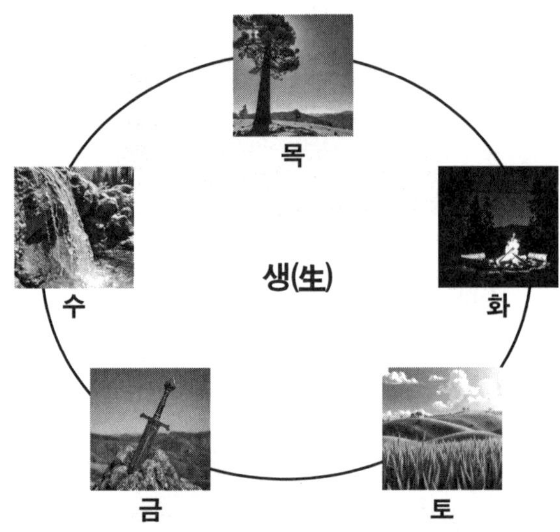

- 목생화(木生火): 나무는 불을 일으킨다.
- 화생토(火生土): 불이 타고 나면 재가 남고 흙이 된다.
- 토생금(土生金): 땅속에서 쇠가 난다.
- 금생수(金生水): 쇠는 차가워서 물이 난다.
- 수생목(水生木): 물은 나무를 자라게 한다.

(2) 상극(相剋)

만물이 생장쇠멸(生長衰滅) 하는 법칙은 처음에는 생(生)하고 다음에는 극(剋) 함으로써 이루어진다. 극은 나무를 다듬어 가구로 만들 듯 발전하는 측면에서 긍정적인 의미도 있으며, 힘의 대결을 통한 정복과 피정복의 충돌을 의미하기도 한다.

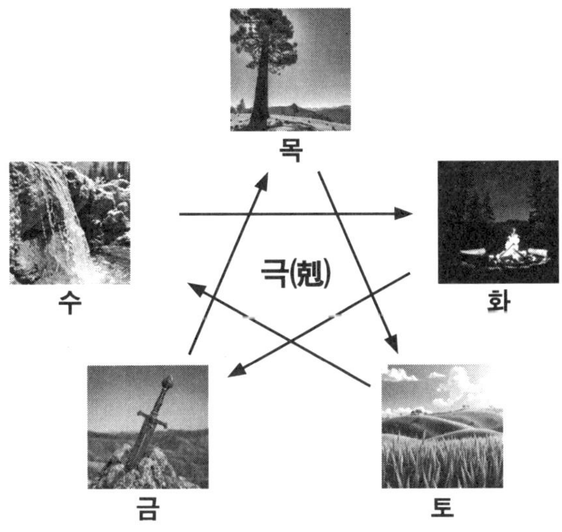

· 화극금(火克金): 불은 쇠를 녹인다.

· 금극목(金克木): 쇠는 나무를 절단한다.

· 목극토(木克土): 나무가 땅속에 뿌리를 박는다.

· 토극수(土克水): 흙은 물길을 막는다.

· 수극화(水克火): 물은 불을 끈다.

2일 차.
명리학의 기초이론 (2)

1. 천간(天干)

십천간(十天干)은 하늘과 기둥을 상징하는 천간(天干) 10자를 의미하며, 십이지지(十二地支)는 땅과 가지를 상징하는 지지(地支) 12자를 의미한다.

<십간 음양오행>

십간	목		화		토		금		수	
	갑 甲	을 乙	병 丙	정 丁	무 戊	기 己	경 庚	신 辛	임 壬	계 癸
	양	음	양	음	양	음	양	음	양	음
	봄		여름		사계		가을		겨울	
	동		남		중		서		북	

사주 내에 있는 십간 중 일간의 영향이 가장 크고 강하다. 일간이 지지로부터 힘을 받게 되면 사주가 왕하다고 한다. 병화가 일간이라면, 월지가 같은 화 계열인 사(巳), 오(午)거나, 목 계열인 인(寅), 묘(卯)가 지지일 경우를 말한다.

① **갑목(甲木)**

양목(陽木)

크고 곧은 나무

동량지목(棟梁之木), 대림목(大林木)

진취성, 독립심, 자존심, 리더십, 허세와 자만, 시작의 힘, 용두사미, 자수성가, 개척자

② **을목(乙木)**

음목(陰木)

풀과 담쟁이넝쿨, 초목, 새싹

진취적, 장악력, 약자에 대한 배려, 유연성, 실속형, 생활력, 적응력, 끈기, 부족한 결단력

③ **병화(丙火)**

양화(陽火)

태양, 용광로, 화산 같은 큰불

활발함, 예절과 예의, 아래에 대한 권위, 열정, 강한 배짱, 화끈함, 공명심, 급한 성격, 싫증과 포기, 주변의 시선과 인정에 민감

④ **정화(丁火)**

음화(陰火)

달, 촛불, 화롯불, 모닥불, 형광등

평정심, 온화함, 배려심, 예절과 예의, 명랑과 친절, 자신감, 화려함, 내재된 다혈질적 성격, 남과 비교에 스트레스

⑤ **무토(戊土)**

양토(陽土)

산, 벌판, 들판, 평야, 넓은 땅

큰 스케일, 강한 배짱, 포용력, 열린 마음, 타인에 관대, 가족에게 소홀, 행동력과 실천력, 모험과 도전, 믿음직스러움, 생활력, 강한 고집

⑥ 기토(己土)

음토(陰土)

화분의 흙, 좁은 땅, 화단, 정원, 수축과 억제, 한정된 영역 장악, 가족 우선주의, 현실성, 포용성, 보호본능, 실속주의, 균형감과 융통성, 성실성, 끌어안고 혼자 처리, 다재다능

⑦ 경금(庚金)

양금(陽金)

바위, 쇳덩어리, 강철, 무쇠

주체성, 결단력, 질서와 원칙 중시, 준법정신, 강한 고집, 강직, 집념, 추진력, 승부욕, 오만과 자만, 비판적, 잔소리

⑧ 신금(辛金)

음금(陰金)

칼, 예리한 도구, 도끼, 바늘, 보석

완전무결함, 응집성, 단단한 내면, 꼼꼼함, 섬세함, 침착함, 소신, 논리적, 비판적, 냉정함, 자존심, 경쟁심, 멋, 예민함, 입바른 말

⑨ 임수(壬水)

양수(陽水)

강, 바다, 호수, 큰물

포용성, 부드러운 카리스마, 감상적, 총명함, 빠른 두뇌회전, 변화와 적응, 능숙한 동시다발성 일처리, 외부 통제에 불편함, 돌파구 마련, 드러내지 않는 속마음, 성적 욕망

⑩ 계수(癸水)

음수(陰水)

안개, 비, 시냇물, 소량의 물

스며듦, 섬세함, 공감능력, 사교성, 나서는 것 싫어함, 온화함, 감수성, 유연함, 뛰어난 상황판단력, 지혜로움, 종교적, 우울감

2. 지지(地支)

지지는 자(子), 축(丑), 인(寅), 묘(卯), 진(辰), 사(巳), 오(午), 미(未), 신(申), 유(酉), 술(戌), 해(亥)의 12자로 이루어져 있으며, 12 지지라고도 한다. 1년은 12달이고, 하루 24시간을 2시간씩 묶어서 12시간으로 구분하며, 해를 상징하는 띠 동물도 12가지다.

<십이지지 음양오행 및 특성>

오행	목		토	화		토	금		토	수		토
지지	인 寅	묘 卯	진 辰	사 巳	오 午	미 未	신 申	유 酉	술 戌	해 亥	자 子	축 丑
상징	호랑이	토끼	용	뱀	말	양	원숭이	닭	개	돼지	쥐	소
음양	양	음	양	양	음	음	양	음	양	양	음	음
계절	봄			여름			가을			겨울		
방위	북동	동	동남	동남	남	남서	남서	서	서북	서북	북	북동
음력	1	2	3	4	5	6	7	8	9	10	11	12

명리학에서 지지를 음양으로 나눌 때, 지장간 본기의 음양에 따라, 사화(巳火)는 음이나 양, 오화(午火)는 양이나 음, 자수(子水)는 양이나 음, 해수(亥水)는 음이나 양으로 구분한다.

사주 지지 중 월지에 있는 지지의 영향력이 가장 크며, 동일 지지가 2개 이상일 경우 해당 지지의 성격이 강하게 나타난다.

① **인목(寅木)**

· 양목(陽木)

· 호랑이

· 갑목의 성질(큰 나무, 고목)

· 새벽 3시 30분 ~ 5시 30분

· 입춘 ~ 경칩

· 역동성, 총명함, 솔직담백, 자신감, 인정 많음, 독립성, 근성, 진취적, 명예욕, 모난 성격

② **묘목(卯木)**

· 음목(陰木)

· 토끼

· 을목의 성질(작은 나무, 화초, 풀)

· 아침 5시 30분 ~ 7시 30분

· 경칩 ~ 청명

· 긍정적, 생동력, 현실적, 적응력, 총명, 논리적, 호기심, 탈권위적, 예술 감각, 창의성, 섬세함

③ **진토(辰土)**

· 양토(陽土)

· 용

· 무토의 성질(넓은 땅, 들판)

· 아침 7시 30분 ~ 9시 30분

· 청명 ~ 입하

· 자존심, 명예욕, 체면치레, 잦은 변화, 결단력, 상상력, 현실감 부족, 추진력, 승부욕, 희생정신

④ **사화(巳火)**

· 음화(陰火)

· 뱀

· 병화의 성질(태양, 용광로, 큰불)

· 아침 9시 30분 ~ 11시 30분

· 입하 ~ 망종

· 강한 위세, 권위, 자기중심, 승부욕, 악착같음, 능수능란, 숨은 재주, 허영심, 권모술수, 용모단정, 총명, 용의주도

⑤ **오화(午火)**

· 양화(陽火)

· 말

· 정화의 성질(달, 촛불, 작은 불)

· 오전 11시 30분 ~ 1시 30분

· 망종 ~ 소서

· 활발함, 적극성, 강한 기세, 예의, 원만한 대인관계, 희생, 봉사 정신, 감수성, 극단적 성격, 폭력성, 손재주

⑥ **미토(未土)**

· 음토(陰土)

· 양

· 기토의 성질(화분, 정원, 마당)

· 오후 1시 30분 ~ 3시 30분

· 소서 ~ 입추

· 온순, 희생정신, 친화력, 사교력, 끈기, 자존심, 고집, 탐욕, 인내심, 종교성, 직관력

⑦ **신금(申金)**

· 양금(陽金)

· 원숭이

· 경금의 성질(바위, 쇳덩어리, 무쇠)

· 오후 3시 30분 ~ 5시 30분

· 입추 ~ 백로

· 결단력, 독단성, 순수함, 의리, 자기 주관, 임기응변, 풍류, 낭만, 용두사미, 예체능

⑧ **유금(酉金)**

· 음금(陰金)

· 닭

· 신금의 성질(칼, 예리한 금속, 보석)
· 오후 5시 30분 ~ 7시 30분
· 백로 ~ 한로
· 원칙, 소신, 결단력, 자기중심, 자존심, 직선적, 직설적, 예리함, 현실감각

⑨ **술토(戌土)**

· 양토(陽土)
· 개
· 무토의 성질(넓은 땅, 들판)
· 오후 7시 30분 ~ 9시 30분
· 한로 ~ 입동
· 배포와 스케일, 총명함, 직감력, 포용력, 뛰어난 언변, 열정, 자수성가, 가벼운 언행, 호기심

⑩ **해수(亥水)**

· 음수(陰水)
· 돼지
· 임수의 성질(바닷물, 강물, 호수)
· 오후 9시 30분 ~ 11시 30분
· 입동 ~ 대설
· 포용력, 정직함, 온화함, 책임감, 총명함, 다재다능, 활동성, 먹을 복

⑪ 자수(子水)

· 양수(陽水)

· 쥐

· 계수의 성질(맑고 차가운 물)

· 밤 11시 30분 ~ 새벽 1시 30분

· 대설 ~ 소한

· 지혜, 감성적, 영리함, 예지력, 사교적, 내성적, 예민함, 은밀함, 성적 욕망, 모성애, 냉정함

⑫ 축토(丑土)

· 음토(陰土)

· 소

· 기토의 성질(화분, 정원, 마당)

· 새벽 1시 30분 ~ 3시 30분

· 소한 ~ 입춘

· 우직함, 끈기, 온순, 고집, 건실, 저축왕, 배려심과 양보, 희생정신

3. 육십갑자(六十甲子)

천간(天干)과 지지(地支)를 산술적으로 조합했을 때 얻어지는 개수는 총 120개이다. 그러나 천간이 한번 진행할 때 지지도 한번 진행하므로 천간과 지지의 조합으로 얻어지는 개수는 60개가 된다. 갑자(甲子)에

서 시작하여 갑(甲)이 을(乙)로 진행할 때 자(子) 역시 축(丑)으로 진행하므로 을자(乙子)나 갑축(甲丑)이 되지는 않는다.

천간은 양(陽)으로 움직이는 것이고, 지지는 음(陰)으로 고정된 것이므로 천간이 움직이면서 각 지지를 만나게 된다.

60 갑자									
甲子	乙丑	丙寅	丁卯	戊辰	己巳	庚午	辛未	壬申	癸酉
甲戌	乙亥	丙子	丁丑	戊寅	己卯	庚辰	辛巳	壬午	癸未
甲申	乙酉	丙戌	丁亥	戊子	己丑	庚寅	辛卯	壬辰	癸巳
甲午	乙未	丙申	丁酉	戊戌	己亥	庚子	辛丑	壬寅	癸卯
甲辰	乙巳	丙午	丁未	戊申	己酉	庚戌	辛亥	壬子	癸丑
甲寅	乙卯	丙辰	丁巳	戊午	己未	庚申	辛酉	壬戌	癸亥

천간의 기준인 갑(甲)이 여섯 번 지지를 만나서 돌아오므로 육십갑자(六十甲子)를 육갑(六甲)이라고도 하고, 천간 열 글자가 여섯 번 진행하면서 각기 다른 지지를 만나 제자리로 돌아오는 것이므로 육순(六旬)이라고도 한다. 순(旬)이란 열흘, 열 번, 십 년의 뜻으로 숫자 10을 뜻한다.

3일 차.
사주입명

천체는 태양과 달과 모든 별이 각자 궤도에 따라 순행되고 완전한 주기성에 의해 일사불란하게 운전되고 있는 가운데 지구의 자전과 공전에 따라 시간개념이 발생한다. 천체의 운동과 지구의 회전운동으로 의해 N극과 S극의 자기장이 지구 전체를 감싸며 사람에게 영향을 미치게 된다. 인간사에서 일어나는 크고 작은 모든 사건은 바로 천체의 운행에서 생겨나는 우주의 섭리가 인간에게 표상된다는 전제하에 이의 변화를 관찰하는 학문이 역학이다. 즉 사주명리, 기문둔갑, 육임, 자미두수 등 대부분의 역학은 지구의 공전과 자전에 의한 시간 변화에 이론적 토대를 두고 있다.

행성	공전주기
수성	90일
금성	225일
지구	365일
화성	687일
목성	12년
토성	29년

또한 역학의 역(易)은 '바뀔 역' '쉬울 이'의 뜻을 모두 가지고 있다. 따라서 역이란 쉽게 바뀌는 것, 즉 변화를 뜻하기도 하고, 태양(日)과 달(月), 낮과 밤을 뜻하는 두 글자가 만나서 태양과 달의 운행 변화, 자

연현상의 변화를 뜻하기도 하는 것으로 역학의 기본 바탕이 '천체의 변화에 따른 시간'이라는 것을 단적으로 보여준다.

역학의 기본 바탕인 연월일시의 시간을 통해 사주를 세우는 것이 간명의 첫 단계이다.

사주는 사람이 태어난 연월일시를 각각 천간과 지지로 나타낸 연주, 월주, 일주, 시주의 네 기둥으로 이루어진다.

사주를 보기 위해서는 가장 먼저 사주팔자를 세워야 한다. 사주팔자를 세우기 위해서는 만세력을 이용하면 쉽게 찾을 수 있고, 스마트폰 어플을 이용하면 양력으로 생년월일시만 입력하면 간단하게 사주 4기둥이 세워지는 시대에 살고 있으므로, 아래의 내용은 가볍게 읽고 지나가도 되고, 건너뛰어도 무방하다.

1. 연주

연주는 사주의 주인공이 태어난 해를 말한다. 2024년에 태어났으면 갑진년(甲辰年)이 되고 2025년에 태어났으면 을사년(乙巳年)이 된다. 연주를 세울 때의 기준은 양력 1월 1일도 아니고 음력 1월 1일도 아닌 입춘(立春)이다. 입춘일 기준으로 새로운 해의 병인월(寅月)이 시작된다.

갑진년 (2024)											
병인월	절기		**입춘**	**← 병인월 시작**							
	양력		2024								
			2.4	2.5	2.6	2.7	2.8	2.9	2.10	2.11	2.12
	음력		2023						2024		
			12.25	12.26	12.27	12.28	12.29	12.30	1.1	1.2	1.3
	일주		**무술**	기해	경자	신축	임인	계묘	갑진	을사	병오
	대운	남	10	10	9	9	9	8	8	8	7
		여	1	1	1	1	1	2	2	2	3

알아두기

사주팔자상 매년과 매월이 바뀌는 기준은 절기를 기준으로 한다. 절기는 음력으로 알고 있는 사람이 많지만, 사실 태양의 움직임을 고려한 태양력이다. 1년을 태양 황도 360도를 30일 단위로 나누어 12절기를, 15일 단위로 나누어 24절기를 구분하였다.

절기	특징	양력일	황도 위치
입춘	봄의 시작	2.3 ~ 5	315°
우수	봄비가 내리고 싹이 틈	2.18 ~ 20	330°
경칩	개구리가 겨울잠에서 깸	3.5 ~ 7	345°
춘분	낮이 길어지기 시작	3.20 ~ 22	0°
청명	맑고 밝은 봄날이 시작	4.4 ~ 6	15°
곡우	농사비가 내림	4.19 ~ 21	30°
입하	여름의 시작	5.5 ~ 7	45°
소만	여름의 기운이 더해감	5.20 ~ 22	60°
망종	볍씨 뿌리는 시기	6.5 ~ 7	75°
하지	낮이 가장 김	6.21 ~ 24	90°
소서	여름 더위의 시작	7.6 ~ 8	105°
대서	가장 더운 시기	7.22 ~ 24	120°
입추	가을의 시작	8.7 ~ 9	135°
처서	더위가 가고 일교차가 큼	8.23 ~ 24	150°
백로	이슬이 내리기 시작	9.7 ~ 9	165°
추분	밤과 낮의 길이가 같음	9.22 ~ 24	180°
한로	찬 이슬이 내리기 시작	10.8 ~ 9	195°
상강	서리가 내리기 시작	10.23 ~ 25	210°
입동	겨울의 시작	11.7 ~ 8	225°
소설	눈이 내리기 시작	11.22 ~ 23	240°
대설	겨울 큰 눈이 내림	12.6 ~ 8	255°
동지	밤이 가장 긴 시기	12.21 ~ 23	270°
소한	겨울 추위의 시작	1.5 ~ 7	285°
대한	겨울 큰 추위	1.20 ~ 21	300°

2. 월주와 일주

월주(月柱)는 사주의 주인공이 태어난 달을 말하고 일주는 태어난 날을 말한다. 연주를 만세력으로 먼저 찾은 후 해당 월주와 일주를 찾는다. 예를 들어 양력 2025년 8월 11일 출생이라면 만세력은 다음과 같다.

을사년 (2025)										
갑신월	절기	입춘								
	양력	2025								
		8.7	8.8	8.9	8.10	**8.11**	8.12	8.13	8.14	8.15
	음력	2025								
		6.14	6.15	6.16	6.17	6.18	6.19	6.20	6.21	6.22
	일주	무신	기유	경술	신해	**임자**	계축	갑인	을묘	병진
	대운 남	10	1	1	1	1	2	2	2	3
	대운 여	1	10	10	9	9	9	8	8	8

을사년에 양력 8월은 갑신월(甲申月)이고, 11일은 임자일(壬子日)에 해당한다. 시주를 제외한 2025년 8월 11일 출생자는 사주는 다음과 같다.

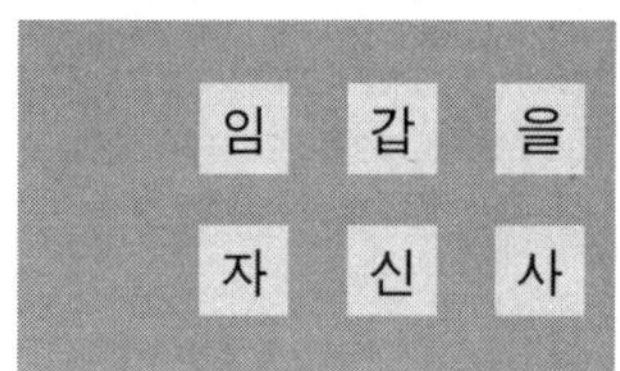

위에 있는 을, 갑, 임을 천간이라 하고, 아래에 있는 사, 신, 자를 지지라고 한다.

3. 시주

사주 주인공의 태어난 시를 말한다. 시지는 2시간 단위로 지지의 순서대로 구분되고 시간은 일간에 따라 정해진다.

〈일(日)·시간(時間) 조견표〉

구분	갑기일	을경일	병신일	정임일	무계일
23:30 ~ 01:30	甲子	丙子	戊子	庚子	壬子
01:30 ~ 03:30	乙丑	丁丑	己丑	辛丑	癸丑
03:30 ~ 05:30	丙寅	戊寅	庚寅	壬寅	甲寅
05:30 ~ 07:30	丁卯	己卯	辛卯	癸卯	乙卯
07:30 ~ 09:30	戊辰	庚辰	壬辰	甲辰	丙辰
09:30 ~ 11:30	己巳	辛巳	癸巳	乙巳	丁巳
11:30 ~ 13:30	庚午	壬午	甲午	丙午	戊午
13:30 ~ 15:30	辛未	癸未	乙未	丁未	己未
15:30 ~ 17:30	壬申	甲申	丙申	戊申	庚申
17:30 ~ 19:30	癸酉	乙酉	丁酉	己酉	辛酉
19:30 ~ 21:30	甲戌	丙戌	戊戌	庚戌	壬戌
21:30 ~ 23:00	乙亥	丁亥	己亥	辛亥	癸亥

4. 사주 세우기 예

앞서 살펴본 양력 2025년 8월 11일 출생자의 사주는 다음과 같았다.

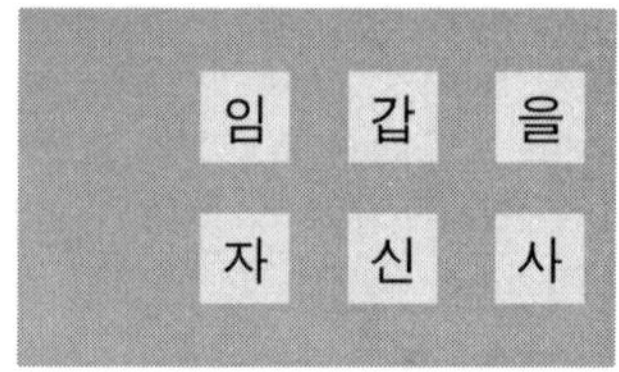

상기 출생자가 오전 9시에 태어났다면, 시주는 어떻게 될까? 임자일 출생이므로 시간 조견표상 '정임일' 기준이 적용되며, 오전 9시이므로 갑진(甲辰) 시가 된다.

2025년 8월 11일 오전 9시 출생자의 사주는 다음과 같다.

위에 있는 을(乙)은 연간, 갑(甲)을 월간, 임(壬)을 일간, 갑(甲)을 시간이라 하고, 사(巳)를 연지, 신(申)을 월지, 자(子)를 일지, 진(辰)을 시지라고 한다.

4일 차.
사주의 강약과 대운

사주팔자에서 '나'인 일간이 강한가, 약한가 또는 조화롭게 중화되었는가의 상태를 아는 것이 중요하다. 내게 필요한 오행이 무엇인지 아는 것이 명주의 대운, 세운에 따른 미래의 운의 방향성을 예측할 수 있기 때문이다.

1. 사주의 강약

사주의 강약을 자세하게 따지려면 사주의 조후관계, 오행과 음양배합, 십신 및 형충합 등을 종합적으로 고려하여 판단해야 하나, 기본적인 틀을 보기 위해서는 간단하게 오행과 십신으로 가늠해 볼 수 있다.

앞으로 소개할 비견, 겁재, 인성이 사주에 많으면 사주가 '강하다', '왕하다'라고 하고, 식상, 재성, 관성이 많으면 사주가 '약하다'라고 한다.

사람의 운명은 태어난 달의 영향을 가장 크게 받기에, 일간의 오행과 월지의 오행이 같으면 득령이라고 하여 왕한 사주가 된다. 월지는 사주의 강약에서 가장 큰 비중을 두고 해석한다.

월지의 비중을 높이 두어 월지 포함 동일 오행 또는 비견·겁재가 2개

(월지 제외 3개) 이상이면 힘이 있다고 판단한다.

오행을 통한 사주의 강약을 알아보기 위해서는 점수 배분표를 이용한다. 십신은 별도의 장에서 설명한다. 아래 배점표는 사주에서 각 천간과 지지가 힘을 발휘하는 영향력을 배분한 것이다.

10점	10점	10점	5점
시간	일간	월간	연간
시지	일지	월지	연지
10점	15점	30점	10점

월지 포함 동일 오행이 2개 이상일 경우 또는 월지 제외 동일 오행이 3개 이상일 경우, 합수 점수가 40점 이상일 경우 강하다고 볼 수 있다.

사주가 강하면 강한 오행의 성격과 적성이 발휘되며, 필요오행 대운에 들어서면 운세의 흐름이 길하게 된다.

사주 상태		필요오행
사주 강	목이 강할 때	화, 금, 토
	화가 강할 때	토, 수, 금
	토가 강할 때	금, 목, 수
	금이 강할 때	수, 화, 목
	수가 강할 때	목, 토, 화
사주 약	일간이 목일 때	수, 목
	일간이 화일 때	목, 화
	일간이 토일 때	화, 토
	일간이 금일 때	토, 금
	일간이 수일 때	금, 수

〈예 1〉

토	화	목	수
己	丙	乙	癸
丑	戌	丑	亥
토	토	토	수

〈예 1〉의 일간은 병화(丙火)이며 사주팔자 내에 동일한 오행은 없다. 일간이 도움을 못 받으니 사주가 약하다.

토는 65점, 수 15점, 목 10점, 화 10점이고 금 오행은 없다. 토가 40점 이상으로 토가 강한 사주이므로, 신약한 상태에서 화의 일간을 보조하는 목 또는 화가 필요오행이 된다.

상기 예는 故 김대중 전대통령의 사주로 71세부터 10년간 정사(丁巳) 화(火)의 대운에 들어섰는데, 75세인 무인(戊寅) 세운에 대통령에 당선됐다.

<예 2>

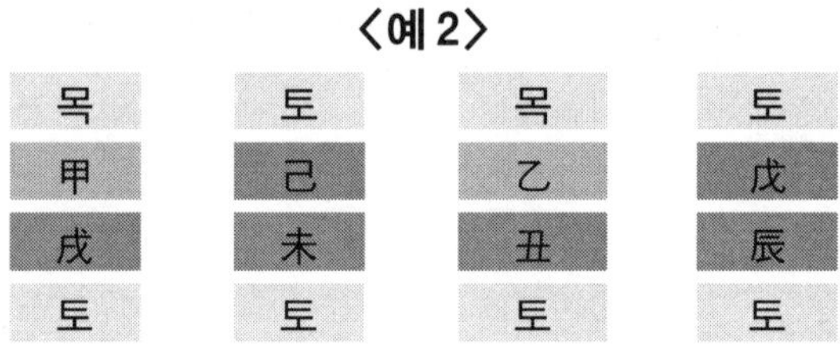

목	토	목	토
甲	己	乙	戊
戌	未	丑	辰
토	토	토	토

두 번째의 예는 일간은 기토(己土)이며 사주팔자 내 동일한 오행이 6개가 있다. 사주가 강하다.

토 일간이 왕하므로, 필요오행은 금, 목, 수이다.

상기 예는 故 김영삼 전 대통령의 사주로 57세부터 10년간 신미(辛未) 금(金), 토(土) 대운에 들어섰는데, 64세인 계유(癸酉) 세운에 대통령에 취임했다.

2. 대운과 세운

대운(大運)은 사주의 운명이 어떻게 흘러가는가를 보는 것이다. 인생에서 10년 단위로 장기간 큰 영향을 미치는 운으로, 대운이 길운이면 사주가 좋지 않더라도 대운의 좋은 영향을 받아 인생이 순조롭게 된다. 세운은 대운에서 해마다 바뀌어 영향을 미치는 연운을 말한다.

대운이 좋지 않을 때는 꾸불꾸불한 자갈길 또는 진흙 길이 되고, 대운이 좋을 때는 반듯하게 포장된 도로가 된다. 같은 노력과 능력이라도 대운에 따라 그 성취도와 결과물은 다르게 나타난다.

대운은 10년마다 바뀐다. 대운수가 2라면 2세, 12세, 13세, 23세, 33세, 43세로 변화하게 된다. 대운을 세우려면 먼저 연간이 음이냐 양이냐, 남자냐 여자냐를 구분해야 한다.

사주의 대운 역시 만세력이나 스마트폰 어플에서, 양력으로 생·년·월·일·시만 입력하면 바로 사주 4기둥과 대운세운이 나타나므로 대운 계산을 굳이 외울 필요는 없다.

(1) 순행과 역행

연간이 양인 갑(甲), 병(丙), 무(戊), 경(庚), 임(壬)이면 순행대운이고, 음인 을(乙), 정(丁), 기(己), 신(辛), 계(癸)이면 역행대운이다.

남자의 경우 양년생은 순행대운, 음년생은 역행대운이며, 여자의 경우 양년생은 역행대운, 양년생은 순행대운이다.

〈대운 순행·역행표〉

	양년생	음년생
연간	갑·병·무·경·임	을·정·기·신·계
남자	순행	역행
여자	역행	순행

(2) 대운수 계산

연간을 통해 순행과 역행이 나뉘어졌으면 그다음으로는 대운수를 계산한다. 일간의 출생일로부터 다음 절기까지의 날짜를 세워서 그 숫자를 3으로 나눈 몫이 대운수이다. 나머지가 0과 1이라면 버리고, 2이면 1을 더한다.

2024년 8월 4일생을 보자.

갑진년 (2024)											
갑신월	양력		8.4	8.5	8.6	입추 8.7	8.8	8.9	8.10	8.11	8.12
	일주		**경자**	신축	임인	계묘	갑진	을사	병오	정미	무신
	대운	남	1	1	1	1,10	10	10	9	9	9
		여	10	10	10	10,1	1	1	1	1	2

갑진년 경자일 출생한 남자라면 순행을 적용한다. 8월 4일 경자일로부터 다음 절기인 입추까지는 3일이다. 3을 3으로 나누면 몫은 1, 나머지는 0이니 대운수는 1이 된다.

갑진년 경자일 출생한 여자라면 역행을 적용한다. 8월 4일을 거꾸로 거슬러 올라가면 7월 6일이 소서이다. 8월 4일부터 헤아리면 30일이고 30은 3으로 나누면 몫이 10, 나머지는 0이 되니 같은 날 출생이라도 여자인 경우 대운수는 10이 된다.

2025년 8월 11일생을 보자.

을사년 (2025)											
갑신월	양력		입추 8.7	8.8	8.9	8.10	**8.11**	8.12	8.13	8.14	8.15
	일주		무신	기유	경술	신해	**임자**	계축	갑인	을묘	병진
	대운	남	10,1	1	1	1	1	2	2	2	3
		여	1,10	10	10	9	9	9	8	8	8

을사년 임자일 출생한 남자라면 역행을 적용하고, 여자는 순행을 적용한다.

남자는 직전 소서인 양력 7월 7일까지 역행하여 헤아리면 34일이니 3으로 나무면 몫은 1, 나머지 1이다. 나머지 1과 0은 버리니 대운수는 1이 된다.

여자는 다음 절기 백로인 9월 7일까지 헤아리면 27일이다. 역시 3으로 나누면 몫은 9, 나머지는 0이니 대운수는 9가 된다.

(3) 대운 적용

상기 과정을 모두 마치면 대운을 세워야 한다. 대운 간지를 세우는 기준은 월주이다.

2025년 8월 11일 오전 8시 출생자의 사주는 다음과 같다.

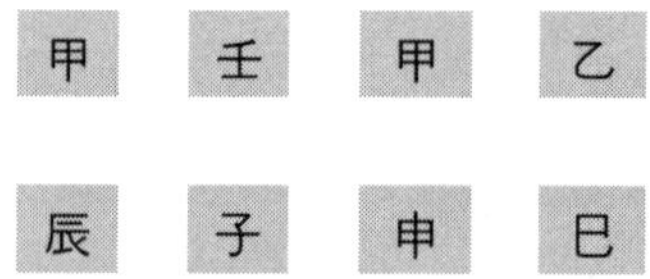

甲	壬	甲	乙
辰	子	申	巳

연간이 음이고 남자일 경우 역행한다.

월주가 갑신(甲申)이므로 천간은 계(癸) - 임(壬) - 신(辛) - 경(庚) - 기(己) - 무(戊) - 정(丁) - 병(丙) - 을(乙) - 갑(甲)의 순서 진행된다.

지지는 미(未) - 오(午) - 사(巳) - 진(辰) - 묘(卯) - 인(寅) - 축(丑) - 자(子) - 해(亥) - 술(戌)의 순서로 역행하여 적용한다.

천간과 지지의 상기 순서대로 대입하면 대운은 아래와 같다.

81	71	61	51	41	31	21	11	1
을 해	병 자	정 축	무 인	기 묘	경 진	신 사	임 오	계 미

여자일 경우 천간은 을(乙) - 병(丙) - 정(丁) - 무(戊) - 기(己) - 경(庚) - 신(辛) - 임(壬) - 계(癸) - 갑(甲)의 순서로 진행된다.

지지는 유(酉) - 술(戌) - 해(亥) - 자(子) - 축(丑) - 인(寅) - 묘(卯) - 진(辰) - 사(巳) - 오(午) 순서로 순행하여 적용한다.

천간과 지지의 상기 순서대로 대입하면 대운은 아래와 같다.

89	79	69	59	49	39	29	19	9
계 사	임 진	신 묘	경 인	기 축	무 자	정 해	병 술	을 유

앞서 언급했듯이 시중에 나와 있는 무료 스마트폰 만세력 어플이 여러 가지가 있다.

어떤 어플을 사용하더라도 알아보고자 하는 명주의 출생 양력(음력) 연·월·일·시만 입력하면, 사주와 대운, 신살, 십신까지 모두 자동으로 계산되고 표기되니, 머리 아프게 외울 필요까지는 없고, 대운 적용 원리 정도만 이해하면 된다.

5일 차.
십신 (1)

십신(十神)은 십성(十星) 또는 육친(六親)으로 불리는 데, '나'인 일간을 기준으로 조상·부모·형제·배우자·자식 등 인간관계와 기질, 성격, 작용력 등을 포괄적으로 나타낸다.

사주 명리뿐만 아니라 인간사에서 크게 다섯 종류의 인간관계를 나눌 수 있다.

첫째는 나와 대등한 관계이다. 회사나 학교에서의 동기, 친구, 동료, 경쟁자 등이다.

둘째, 나를 도와주는 사람 또는 관계이다. 부모나 조부모, 은인, 귀인이 여기에 해당한다.

셋째, 내가 도와주는 관계이다. 내가 힘을 써서 돕든 의도하지 않은 상태에서 돕는 내가 도와주는 관계이다. 자식과 부하가 여기에 해당한다.

넷째, 내가 통제, 관리·감독을 하는 관계이다. 내가 노력해서 돈을 번 나의 재산, 집은 온전히 나의 통제하에 있고, 과거 농경시대에서는 부인도 내가 통제하는 대상으로 봤다.

다섯째, 나를 통제하는 사람, 기관, 어떤 것이다. 직장은 나에게 월급을 주고 관리·감독을 하며, 내가 어떤 일을 시작하려면 인허가 관청에서 통제를 받는다.

〈십신 - 일간이 甲일 경우〉

십신		오행관계	음양	예
비겁	비견	나와 같은 오행	동일	갑, 인
	겁재		다름	을, 묘
인성	정인	나를 돕는 오행	동일	계, 자
	편인		다름	임, 해
식상	식신	내가 돕는 오행	동일	병, 사
	상관		다름	정, 오
재성	정재	내가 통제하는 오행	동일	기, 축, 미
	편재		다름	무, 진, 술
관성	정관	나를 통제하는 오행	동일	신, 유
	편관		다름	경, 신

이러한 다섯 가지의 관계를 비겁(比劫), 식상(食傷), 인성(印星), 재성(財星), 관성(官星)으로 구분하고, 일간을 기준으로 음(陰)과 양(陽)으로 나누면 열 종류가 되는데 이것이 십신이다.

1. 비겁(비견과 겁재)

(1) 정의

일간인 나와 어깨를 나란히 하는 친구, 형제자매, 동기, 경쟁자를 뜻하며 일간과 오행이 같은 것을 말한다. 음양이 같으면 비견(比肩), 음양이 다르면 겁재(劫財)라 한다.

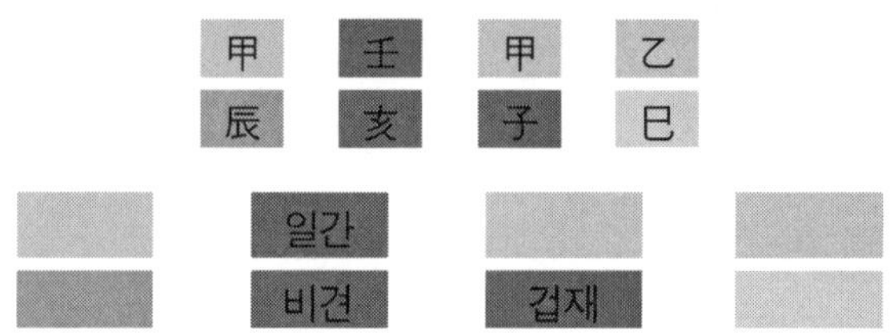

일간 임수(壬水)는 양수이다. 일지 해(亥)는 양수이므로 비견이 되고, 월지 자(子)는 음수이므로 겁재가 된다.

〈비겁 조견표〉

		갑 甲	을 乙	병 丙	정 丁	무 戊	기 己	경 庚	신 辛	임 壬	계 癸
비견	천간	甲	乙	丙	丁	戊	己	庚	辛	壬	癸
	지지	寅	卯	巳	午	辰 戌	丑 未	申	酉	亥	子
겁재	천간	乙	甲	丁	丙	己	戊	辛	庚	癸	壬
	지지	寅	卯	午	巳	丑 未	辰 戌	酉	申	子	亥

(2) 비견 작용력

사주팔자에서 월지 포함 2개 이상일 경우 또는 월지 제외 3개일 경우 발달했다고 볼 수 있으며, 그 이상이 되면 과다로 본다. 발달과 과다는 모든 십신이 동일하게 적용된다.

없음	· 자존심이 없어 큰일을 하기 어려움 · 추진력이 약함 · 형제 인연이 박함 · 부부간의 정이 깊음
발달	· 대인관계가 무난하고 원만함 · 사람을 상대하는 일에 자신감이 있음 · 독립심, 자립심이 강하고 통솔력이 뛰어남 · 자존심이 강하고 일에 대한 의욕이 강함 · 재성과 조화되면 사업으로 성공함 · 인성과 조화되면 의사, 변호사 등의 길

과다	· 타인의 지배받기 싫어함 · 독립적이고 자유스러운 것을 선호함 · 직장생활을 견디기 힘들어함 · 유연성이 떨어지고 외골수 · 형제끼리 재산 다툼, 재산 손실 · 부부가 화목하지 못함 · 투기심, 경쟁심이 강함 · 이성 문제로 어려움이 많음

(3) 겁재 작용력

없음	· 재물 보존은 잘하나 의욕이 부족함 · 형제자매가 화합을 잘함 · 자존심이 없어 큰일을 하기 어려움 · 추진력이 약함
발달	· 자존심이 강하고 일에 대한 의욕이 강함 · 독립심, 자립심이 강함 · 적극적이고 강인함
과다	· 타인에게 지배받기 싫어함 · 독단적인 행동으로 주위에서 질타를 받음 · 주위와 융화가 어려움 · 독립적이고 자유스러운 것을 선호함 · 큰 야망을 품으나 성실성이 떨어짐 · 말실수 및 과격한 언행을 잘함 · 재물 집착이 심하나, 금전적 손실이 자주 발생 · 계산적, 조심성, 경계심이 강함 · 투기심, 경쟁심이 강함 · 형제끼리 재산 다툼, 재산 손실 · 부부가 화목하지 못함

(4) 대운에서의 작용력

〈비견 대운을 맞을 때〉

구분	내용
사주가 강할 때	· 공연한 자존심으로 손해를 본다. · 형제·친구 문제로 고생한다. · 자만심으로 노력을 게을리한다. · 쓸데없는 객기를 부린다. · 부모와 갈등이 생긴다. · 공주병·왕자병이 생긴다.
사주가 약할 때	· 인정받고 싶은 욕구가 커진다. · 자립심이 강해진다. · 친구들에게 인정받고 싶어 한다. · 대인관계가 좋아진다. · 추진력이 강해진다. · 형제·친구의 도움을 받는다.

〈겁재 대운을 맞을 때〉

구분	내용
사주가 강할 때	· 형제·친구 문제로 고생한다. · 형제·친구와 다툼을 벌인다. · 자만심으로 노력을 게을리한다. · 쓸데없는 객기를 부린다. · 부모와 갈등이 생긴다. · 작은 이익을 얻고 큰 손해를 본다.
사주가 약할 때	· 인정받고 싶은 욕구가 커진다. · 사람들의 관심과 칭찬에 민감해진다. · 인기가 많아진다. · 꾸미고 치장하는 데 돈을 많이 쓴다. · SNS에 자신을 과시한다. · 추진력이 좋아진다.

2. 식상(식신과 상관)

(1) 정의

일간인 내가 생해주는 것을 말한다. 남성에게는 장모나 할머니, 여성에게는 자식을 의미하고, 사회적으로는 기술, 언어와 가정, 의식주를 주관한다. 음양이 같으면 식신(食神), 음양이 다르면 상관(傷官)이라 한다.

일간 무토(戊土)는 양토이다. 일지 신(申)는 양수이므로 식신이 되고, 연간·월간 신(辛)는 음수이므로 상관이 된다.

〈식상 조견표〉

		갑 甲	을 乙	병 丙	정 丁	무 戊	기 己	경 庚	신 辛	임 壬	계 癸
식신	천간	丙	丁	戊	己	庚	辛	壬	癸	甲	乙
	지지	巳	午	辰 戌	丑 未	申	酉	癸	壬	乙	卯
상관	천간	丁	丙	己	戊	辛	庚	癸	壬	乙	甲
	지지	午	巳	丑 未	辰 戌	酉	申	子	亥	卯	寅

(2) 식신 작용력

발달	· 언어능력이 뛰어남 · 감각이 탁월하고 아이디어가 반짝함 · 활동력이 강함 · 명랑하고 쾌활함 · 부지런하고 예의 바름 · 실리 추구, 현실적 · 이재에 밝고 경영 능력이 탁월 · 다재다능해서 학문적, 사업적 성공 가능 · 재성과 조화되면 먹고사는 문제 없음
과다	· 행동보다 말이 앞섬 · 구속받기를 싫어함 · 자기주장을 고집하는 경향 · 추진력, 끈기, 뒷심이 부족 · 감정이 예민하고 감정 기복이 심함

(3) 상관 작용력

발달	· 언어능력이 뛰어남 · 활동적이고 적극적임 · 목표가 생기면 성취력이 뛰어남 · 개방적이고 자유분방함 · 강자에게 강하고 약자에게 약함 · 추진력이 뛰어나고 승부욕이 강함 · 대인관계를 잘함 · 문학 및 예술적 능력이 있음
과다	· 타인의 간섭이나 통제를 꺼림 · 자기가 가장 잘났다고 생각함 · 비밀을 잘 지키지 못함 · 허영심이 강함 · 생색내기를 잘해 잘해주고 욕먹음 · 자신의 생각이나 감정에 빠져 삶 · 여성일 경우 가정파탄 우려가 있음

(4) 대운에서의 작용력

〈식신 대운을 맞을 때〉

사주가 강할 때	· 학습 의욕이 생긴다. · 성적이 오른다. · 호기심이 강해진다. · 언어능력이 발달한다. · 재물이 늘어난다.
사주가 약할 때	· 감정 기복이 예민해진다. · 고집이 강해진다. · 자만심이 넘친다. · 자기 주장을 강요한다. · 좋은 일하고도 욕먹는다. · 과대포장하고 허세를 부린다.

〈상관 대운을 맞을 때〉

사주가 강할 때	· 재능과 능력을 인정받는다. · 표현력이 좋아진다. · 미적 감각이 생겨난다. · 사교성이 늘어나고 명랑해진다. · 교내외 각종 대회에서 수상한다. · 아이디어가 풍부해진다.
사주가 약할 때	· 행동보다 말이 앞선다. · 일 마무리가 약하다. · 자기 고집만 부린다. · 말실수를 많이 한다. · 자존심을 다친다. · 자만심이 강해진다.

6일 차.
십신 (2)

3. 재성(정재와 편재)

(1) 정의

일간인 내가 극하거나 통제하는 것을 말한다. 음양이 같으면 편재(偏財), 음양이 다르면 정재(正財)라 한다.

남성에게는 아내와 아버지를 의미하고 여성에게는 아버지, 시어머니를 의미한다. 편재는 비정상적, 비정기적인 돈을 의미하고, 정재는 정기적으로 들어오는 돈, 고정적인 수입을 의미하기도 한다.

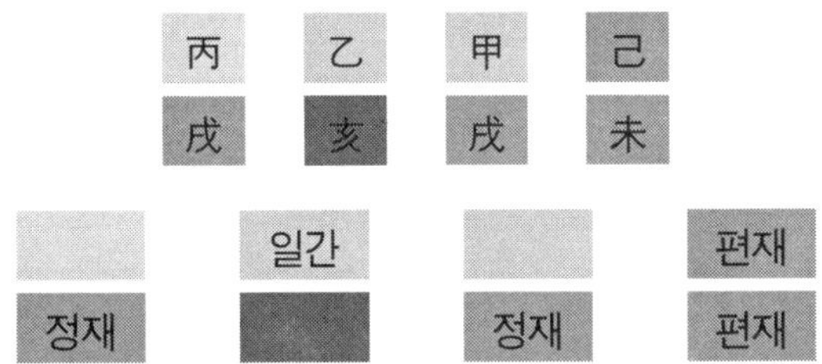

일간 을목(乙木)은 음목이다. 월지·시지 술토(戌土)는 양토로 정재, 연지 미토(未土)는 음토로 편재, 연간 기토(己土) 또한 음토로 편재가 된다.

〈재성 조견표〉

		갑 甲	을 乙	병 丙	정 丁	무 戊	기 己	경 庚	신 辛	임 壬	계 癸
편재	천간	戊	己	庚	辛	壬	癸	甲	乙	丙	丁
	지지	戊 辰	丑 未	申	酉	亥	子	寅	卯	巳	午
정재	천간	己	戊	辛	庚	癸	壬	乙	甲	丁	丙
	지지	丑 未	辰 戌	酉	申	子	亥	卯	寅	午	巳

(2) 편재 작용력

발달	· 대인관계가 원만하고, 인기가 많음 · 비계산적이고 순발력, 민첩성이 뛰어남 · 상대를 배려하는 마음이 있음 · 요령과 기교가 뛰어남 · 봉사 정신, 희생정신 강함 · 이재에 밝아 빈틈이 없음 · 재물이 꾸준히 들어옴 · 상업으로 큰 발전을 할 수 있음
과다	· 배짱과 추진력이 부족함 · 맺고 끊음이 약함 · 동성끼리는 융통성이 부족하고 꽉 막혀있음 · 다른 사람을 즐겁게 해주는 것을 좋아하나, 지나쳐 가볍고 철없이 보이기도 함 · 낭비벽이 있음. 여성은 재물을 탐함 · 한탕주의 성격이 강함

(3) 정재 작용력

발달	· 은근한 고집이 있음 · 성실하고 정직함 · 한번 정을 주면 배신하지 않음 · 대인관계가 원만함 · 계산적이고 계획적임 · 감성보다 이성적임 · 현실적이고 무리한 모험을 하지 않음
과다	· 변화를 꺼리고 현실에 안주함 · 배짱과 추진력이 부족함 · 과도한 정의감에 사로잡혀 있음 · 맺고 끊음이 약함 · 인색한 구두쇠임

(4) 대운에서의 작용력

〈편재 대운을 맞을 때〉

사주가 강할 때	· 남성은 여자에게 인기가 많아진다. · 활동적인 기질이 생긴다. · 사람들과 적극적으로 어울린다. · 명예와 인기가 올라간다. · 용돈, 아르바이트로 수입이 생긴다.
사주가 약할 때	· 남성은 이성 문제로 학습에 소홀해진다. · 여성은 겉모습 치장에 신경 쓴다. · 투기 성향이 강해진다. · 배짱과 추진력이 약해진다. · 객기를 부리다 사고를 당한다.

〈정재 대운을 맞을 때〉

사주가 강할 때	· 근검절약하고 성실해진다. · 학업에 충실하다. · 건전한 친구 관계를 형성한다. · 친구로부터 도움을 받는다. · 학업 성적이 오른다.
사주가 약할 때	· 학업 성적이 떨어진다. · 친구나 형제와 다툰다. · 이성 친구에 빠져 학업에 소홀해진다. · SNS에 지나치게 많은 시간을 쓴다. · 돈 씀씀이가 헤퍼진다.

4. 관성(편관과 정관)

(1) 정의

일간인 나를 억압하고 극하는 오행을 말한다. 음양이 같으면 편관(偏官), 음양이 다르면 정관(正官)이라 한다. 남성에게는 자식, 여성에게는 배우자가 된다. 사회적으로 명예, 관직, 관리기관, 직장 상사 등을 의미하기도 한다.

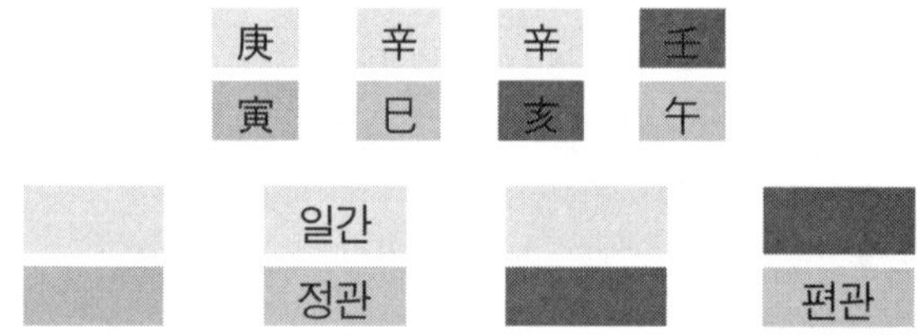

일간 신금(辛金)은 음금이다. 일지 사화(巳火)는 양화로 정관, 연지 오화(午火)는 음화로 편관이 된다.

〈관성 조견표〉

		갑 甲	을 乙	병 丙	정 丁	무 戊	기 己	경 庚	신 辛	임 壬	계 癸
편관	천간	庚	辛	壬	癸	甲	乙	丙	丁	戊	己
	지지	申	酉	亥	子	寅	卯	巳	午	辰 戌	丑 未
정관	천간	辛	庚	癸	壬	乙	甲	丁	丙	己	戊
	지지	酉	申	子	亥	卯	寅	午	巳	丑 未	辰 戌

(2) 편관 작용력

없음	· 천방지축 제멋대로이다. · 준법정신이 떨어지고 남을 해칠 우려가 있다.
발달	· 대인관계가 좋다. · 재물보다 명예를 중시한다. · 자신을 믿어주고 책임과 권한을 주는 곳에서 큰 능력을 발휘한다. · 차갑고 냉정하다. 큰 목표를 위해 작은 불편과 명예의 손상은 감수한다. · 원칙과 소신이 분명하며 결단력이 탁월하다. · 모험심이 강하고 도전할 대상이 생기면 힘이 솟아난다. · 남에게 지기 싫어하고, 다른 사람과 비교당하는 것을 싫어한다. · 직장과 가정에서 리더십을 발휘한다.
과다	· 사교성이 뛰어나고 사람을 좋아해 능력에 비해 씀씀이가 과도하다. · 자신감이 지나쳐 다른 사람을 무시한다. · 상대의 감정을 무시하거거나 과격한 면을 보인다. · 추진력이 넘쳐나 능력보다 큰일을 벌인다. · 타인에게 지배받고 간섭받는 일에 극도의 스트레스를 받는다. · 여성은 이성 문제로 문제가 발생한다.

(3) 정관 작용력

없음	· 생활이 방탕해진다. · 여성은 남편복이 없고 고독하게 산다. (이럴 때 지장간, 대운에 정관이 있는지 살피나, 명리 초보 과정으로 지장간은 건너뜀)
발달	· 감정이 섬세하다. · 명예를 소중히 생각한다. · 정직하고 온후하다. · 은근과 끈기가 있고 성실하다. · 자신이 가치 있다고 느끼는 일에 목숨을 바친다. · 가정과 조직에 순응한다. · 경쟁하기보다 평화를 선호한다. · 선비·학자적인 성품이다. · 한 번에 여러 사람을 만나면 불편해하고, 일대일 만남을 선호한다.
과다	· 인간관계에 지나치게 관심이 많다. · 새로운 아이디어에 호기심이 많다. · 통찰력이 있고 장기적인 안목이 있다. · 의리와 의협심이 많다. · 과도한 인간관계로 재물이 새어나간다. · 남들에게 보이는 겉치레를 중시한다.

(4) 대운에서의 작용력

〈편관 대운을 맞을 때〉

사주가 강할 때	· 반장 선거에 나가려 한다. · 명예욕이 발동한다. · 친구나 주변에서 인정받고자 한다. · 적극성과 배짱이 커진다. · 독립하고자 하는 욕망이 강해진다.

사주가 약할 때	· 친구·형제를 무시한다. · 사소한 일에 예민해진다. · 노력만큼 성적이 오르지 않는다. · 긴장감, 스트레스가 커진다. · 비교당하는 걸 매우 싫어한다.

〈정관 대운을 맞을 때〉

사주가 강할 때	· 리더가 되려고 노력한다. · 행동이 바른 모범생이 된다. · 명예가 따르고 성과가 뒤따른다. · 교내외 각종 대회에서 수상한다. · 주변의 도움으로 바라는 일을 이룬다.
사주가 약할 때	· 자신감이 지나쳐 대인관계를 그르친다. · 학업 성적이 오르지 않는다. · 친구들과 다툼이 잦다. · 학교생활에 적응이 어렵다. · 귀찮은 일에 자꾸 휘말리게 된다.

5. 인성(편인과 정인)

(1) 정의

일간인 나를 생하고 도와주는 오행을 말한다. 음양이 같으면 편인(偏印), 음양이 다르면 정인(正印)이라 한다. 남성, 여성 모두에게 어머니, 귀인을 의미한다. 사회적으로 학업, 공부, 자격, 문서, 계약 등을 의미하기도 한다.

일간 경금(庚金)은 양금이다. 시간 무토(戊土)·일지 술토(戌土)는 양토로 편인, 연간 기토(己土)·연지 미토(未土)는 음토로 정인이 된다.

〈인성 조견표〉

		갑 甲	을 乙	병 丙	정 丁	무 戊	기 己	경 庚	신 辛	임 壬	계 癸
편인	천간	壬	癸	甲	乙	丙	丁	戊	己	庚	辛
	지지	亥	子	寅	卯	巳	午	辰 戌	丑 未	申	酉
정인	천간	癸	壬	乙	甲	丁	丙	己	戊	辛	庚
	지지	子	亥	卯	寅	午	巳	丑 未	辰 戌	酉	申

(2) 편인 작용력

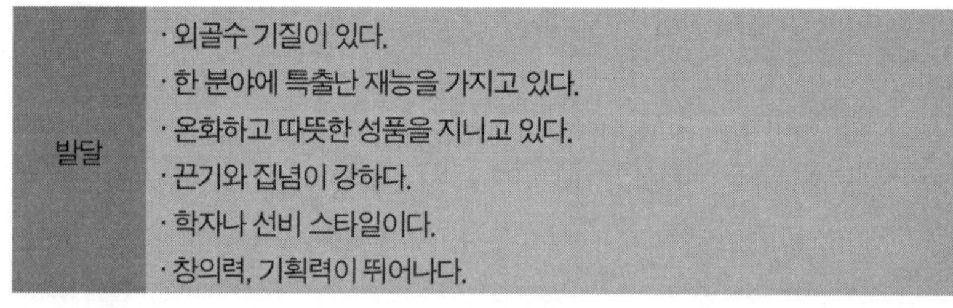

발달	·외골수 기질이 있다. ·한 분야에 특출난 재능을 가지고 있다. ·온화하고 따뜻한 성품을 지니고 있다. ·끈기와 집념이 강하다. ·학자나 선비 스타일이다. ·창의력, 기획력이 뛰어나다.

과다	· 특정 분야에 집착이 강하다. · 사고와 행동이 편협하다. · 일을 끝맺지 못하고 대충 쉽게 넘기려 한다. · 타인에게 과도하게 의지하려 한다. · 종교적 기질이 강하다. · 일시적 감정으로 친구와 등을 돌린다.

(3) 정인 작용력

발달	· 내적 신념이 강하다. · 책임감이 강하고 온정적이다. · 인내심이 강해 세밀하고 반복적인 일을 잘한다. · 마음이 따뜻하고 덕망이 있다. · 자비롭고 생각의 폭이 넓다. · 체면과 안정을 중시하는 명예지향형이다. · 가속애가 깊고 고상하다. · 자신을 인정해 주면 두 배의 능력을 발휘한다. · 타인의 마음을 간파하는 능력이 출중하다. · 머리가 총명하고 감각적이다. · 배짱이 부족하다. · 어려운 상황에 처하면 대처능력이 부족하다. · 인원수가 적은 모임을 선호한다. · 자기 사업·장사보다는 공무원·회사원·공익사업·교육자 등에 적합하다.
과다	· 자신의 감정과 타인의 감정변화에 민감하다. · 변화와 모험을 싫어한다. · 자녀와 관계가 틀어질 수 있다. · 어리석은 판단을 하고 편협하다.

(4) 대운에서의 작용력

〈편인 대운을 맞을 때〉

사주가 강할 때	· 시험성적이 부진하다. · 정신적으로 방황하게 된다. · 억울한 일을 당한다. · 슬럼프로 진로에 갈등을 겪는다. · 명예에 손상을 입는다.
사주가 약할 때	· 주변인으로부터 도움을 받는다. · 교내외 각종 대회에서 수상한다. · 각종 시험에 합격한다. · 학문·예술에 관심이 생긴다. · 취미활동을 통해 이익을 얻는다.

〈정인 대운을 맞을 때〉

사주가 강할 때	· 시험에 합격하기 어렵다. · 부모 관련 걱정거리가 생긴다. · 다른 사람 감정에 민감해진다. · 부모 의존성이 강해진다. · 학업 성적이 원하는 만큼 안 나온다.
사주가 약할 때	· 주변인으로부터 도움을 받는다. · 자기의 적성을 찾아낸다. · 학업 성적이 올라간다. · 명예가 높아지고 이름을 알린다. · 본인 능력보다 높은 성과를 낸다.

7일 차.
신살 (1)

신살은 지지에서 일어나는 변화로 연지 또는 일지를 기준으로 한다. 십이신살의 원리는 지지 삼합의 오행과 상충하는 양의 지지가 십이신살의 시작점이 되어, 겁살부터 순서대로 돌아가 적용된다.

〈오행의 기본적 성질〉

삼합	변화된 오행
해·묘·미 (亥·卯·未)	목 (木)
인·오·술 (寅·午·戌)	화 (火)
사·유·축 (巳·酉·丑)	금 (金)
신·자·진 (申·子·辰)	수 (水)

예를 들어 연지 기준으로 해묘미년 출생은 해묘미 목(木)이므로 극을 당하는 신금(申金)에서 겁살이 되고, 지지 순서대로 재살 - 천살 - 지살 - 년살 - 월살 - 망신살 - 장성살 - 반안살 - 역마살 - 육해살 - 화개살 순서로 신살이 적용된다.

<십이신살 조견표>

	겁	재	천	지	년	월	망신	장성	반안	역마	육해	화개
해묘미	申	酉	戌	亥	子	丑	寅	卯	辰	巳	午	未
인오술	亥	子	丑	寅	卯	辰	巳	午	未	申	酉	戌
사유축	寅	卯	辰	巳	午	未	申	酉	戌	亥	子	丑
신자진	巳	午	未	申	酉	戌	亥	子	丑	寅	卯	辰

연지를 기준으로 사주의 각 지지에 적용되며, 대운에도 적용된다. 일지를 기준으로 해도 같다.

1. 십이신살 쉽게 찾기

<십이지지 방위>

辰巳 남동	午 남	未申 남서
卯 동		酉 서
寅丑 북동	子 북	戌亥 북서

(1) 해묘미

십이신살은 겁살부터 찾아 순행하는 것이 원칙이나, 쉽게 찾기 위해 망신살부터 찾는다.

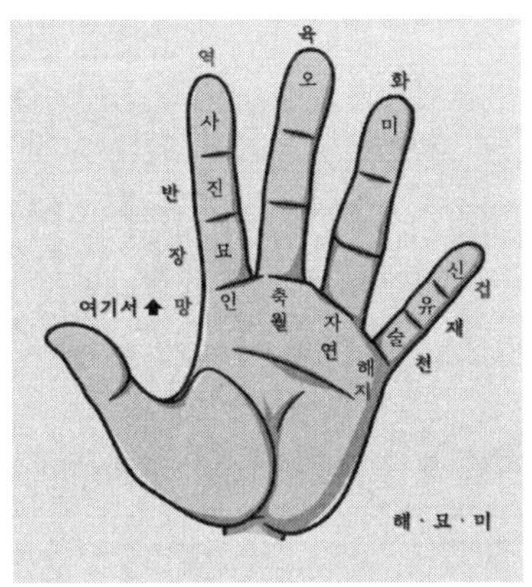

연지(또는 일지)가 해묘미일 경우 망신살이 인(寅)이다. 그 지점부터 크게 3칸씩 망-역-겁-지(망할 놈의 말이 겁주고 지X하네)로 위치를 잡고, 그 사이사이에 다른 신살을 끼워 넣는다.

망-장-반-역-육-화-겁-재-천-지-년-월 순서로 손바닥을 짚어 찾는다.

본인의 연지만 알면 어떤 해에 무슨 살인지, 사주 지지는 어떤 십이 신살이 있는지 알아내기 쉽다.

(2) 인오술

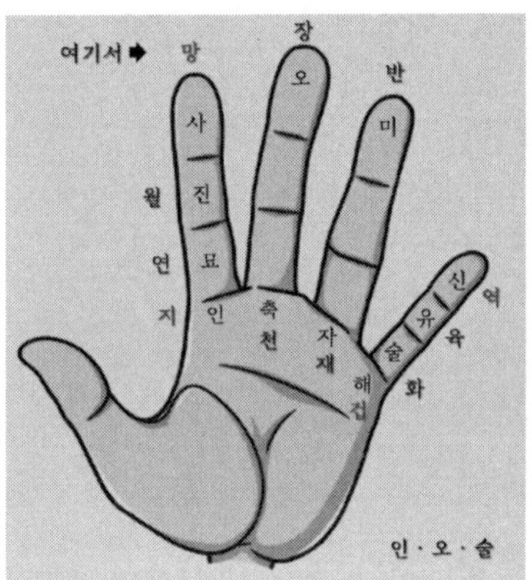

연지(또는 일지)가 인오술일 경우 망신살이 사(巳)이다. 그 지점부터 크게 3칸씩 망-역-겁-지 순서로 진행한다.

(3) 사유축

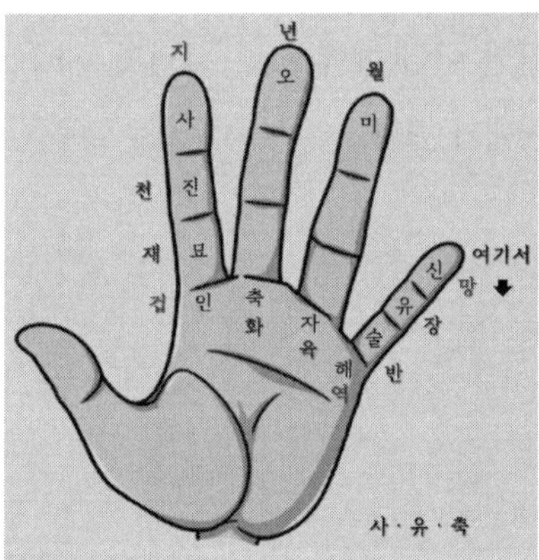

(4) 신자진

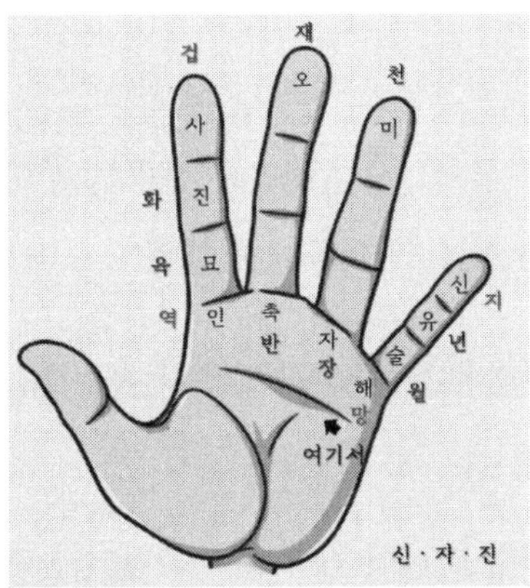

2. 십이신살

사주팔자에서 태어난 달인 월지와 일지에 어떤 십이신살이 있는지를 통해 직업, 적성을 유추할 수 있다. 월지와 일지에 겁살이 있다면 겁살의 직업적 특징을 강하게 갖고 태어난 아이라 볼 수 있는 것이다.

다만, 십이신살과 기타 신살은 사주의 전체적인 오행과 십신의 배합과 강약의 분석을 기본으로 한 후, 보조적 지표로 활용해야 아이 직업 방향성에 오류가 발생하지 않는다.

(1) 겁살(劫殺)

겁탈·강탈당한다는 의미이며 방해를 받아 일이 안 풀리고 주위에서 내 것을 빼앗아 간다는 흉살이다.

겁살이 사주팔자 내 필요오행에 해당할 때는 총명하고 지모가 뛰어나며 큰 부를 이룬다.

겁살은 차압·압수 등의 업무, 병균을 박멸하는 의사·약사, 자유를 구속하는 검찰·경찰·교정 등의 업무에 적합하다.

(2) 재살(災殺)

수옥살이라고 하며, 타인의 공격으로 물건이나 재물을 잃어버리거나 도난당하는 살(殺)이다.

겁살이 육체적, 물질적인 상태로 피해를 본다면 정신적인 상태로 피해를 본다. 타인의 공격에 대비하기 위해 두뇌가 명석하고 눈치가 빠르며 이해득실에 민감하다. 반면 정신적 스트레스, 공황장애 등이 동반될 수 있다.

육체적인 노동보다 정신적인 일에 적성이 맞고, 사람의 생살여탈권을 갖는 직업에 적합하다. 군인·사법기관·권력기관과 의사·약사 등에서 두각을 나타낸다.

(3) 천살(天殺)

하늘이 내리는 살을 뜻하여 군주의 살이다.

하늘은 군주보다 위에 있기에 천살이 사주에 있으면, 자부심이 넘쳐

다소 기고만장하고 건방져 보일 수 있다. 허접한 물건에는 관심이 없고, 하찮은 일이라 생각되면 백수로 지낼지언정 시도조차 안 하려 하는 특징이 있다.

정서가 발달하였고, 한번 집중하면 고도의 집중력을 발휘하며 학문에 대한 열정이 크다. 학자·대학교수·철학자·종교 지도자 등에 적합하다.

수험생일 경우 천살 방향(해묘미년생-술방(북서), 인오술-축방(북동), 사유축-진방(남동), 신자진-미방(남서))으로 책상을 두고 공부하면 학업 능률이 오른다.

(4) 지살(地殺)

땅이 움직이는 살로 이동에 관한 살이다. 역마살과 같은 지지인 인·신·사·해로 구성되어 있다. 역마살은 능동적, 적극적 성격이라면 지살은 수동적, 소극적 성격이 강하다.

사주명국에 지살이 있으면 이사, 여행, 해외 이주, 직업 변동, 여행, 객지생활 등이 잦게 되고 이러한 성격을 이용한 직업이 좋다.

외교관, 무역업, 관광, 부동산 투자·경매·중개, 통신, 운수 등 이동과 교류가 많은 직업에 종사하면 능력을 충분히 발휘하게 된다.

(5) 연살(年殺)

도화살이라고도 한다. 자신의 존재를 드러내는 욕구가 강하고 아름다움과 화려함을 추구한다. 이성에 대한 매력이 높아 주변에서 인기가 많은 사람이다.

연지(또는 일지)가 해묘미일 때 자(子), 사유축일 때 오(午), 인오술일 때 묘(卯), 신자진일 때 유(酉)일 경우 연살이라 하나, 사주팔자 내 자오묘유 있는 것만으로도 연살이라 하기도 한다. 일지와 월지에 연살이 있을 경우 작용력이 가장 강하다.

성적 매력이 높고 끼가 있어 주변 사람들에게 환영받기 때문에 연예계, 방송계, 배우, 가수, 화가, 아나운서, 판매직, 상담사, 사회활동, 보험영업 등의 직업에서 능력이 크게 분출된다.

(6) 월살(月殺)

밤하늘에 떠 있는 달처럼 씨를 뿌려도 싹이 나지 않아 결실이 없다는 살이다. 그러나 칠흑같이 어두운 밤에 길을 밝혀줄 달이 떴으니 솟아날 구멍이 있고 극복할 수 있다는 의미도 있다.

작가·한의학·매매·중개·복지기관·요양원·역술인 등 대중적이지 않은 직업, 자신만의 기술을 이용하는 직업, 사회에 봉사하는 직업이 적합하다.

(7) 망신살(亡身殺)

망신을 당한다는 살로 명예와 신뢰의 손실을 주는 살이다. 불필요한 논란에 휘말리거나, 타인의 신뢰를 잃게 되는 상황이 발생할 수 있다.

독단적이고 권모술수에 능하나, 센스가 좋고 배려심도 겸비하고 머리가 비상하다.

자동차 판매, 보험영업, 운동선수, 정치인, 유튜버, 연예인 등 나를 알리는 직업에서 두각을 나타낸다.

(8) 장성살(將星殺)

장성은 장군과 같은 의미로 십이운성상 제왕의 자리이다. 강한 힘으로 승진, 발전, 번영 등을 의미하며, 포부가 크고 무슨 일이든 진취적으로 진행하는 살이다. 자존심이 강하고 주관이 뚜렷하다.

사주팔자에 관성과 함께하면 높은 관직에 오르는 경우가 많다. 법조계, 경찰, 군인으로 입신양명하며 대기업 임원, 의사, 교도관 등에도 길하다. 재성과 함께하면 재정적으로 발전한다.

(9) 반안살(攀鞍殺)

말안장을 잡아준다는 말로 출세, 승진, 번영 등을 상징하는 길살이다. 반안살이 월지에 있으면 인품이 중후하고 존대를 받고 천을귀인 등 길신과 함께 있으면 조상의 음덕이 있다.

사주팔자에 반안살이 있으면 임기응변이 능하고 시험운이 좋으며, 남들보다 빨리 승진하고 성공 길이 빠르며 재물이 풍족하든 아니든 평생 먹고사는 걱정이 없다.

반안살은 기댈 언덕, 열매를 뜻하기도 한다. 대운에서 반안살을 만나면 실속을 차리게 되며, 승진과 합격이 있고, 과실을 얻게 된다.

수험생의 잠자는 침대 방향을 반안살 방향으로 두면 운이 트여 학습 성적이 오른다. (해묘미년생 - 진방(남동), 인오술 - 미방(남서), 사유축 - 술방(북서), 신자진 - 축방(북동))

(10) 역마살(驛馬殺)

이동살이라고 하며 일생 분주한 살이다. 지살과 같은 지지인 인·신·사·해로 구성되어 있다. 연지(또는 일지)가 신자진일 때 인(寅), 인오술일 때 신(申), 해묘미일 때 사(巳), 사유축일 때 해(亥)를 좁은 의미의 역마살이라 하나, 사주 내 지지에 인·신·사·해만 있어도 역마살을 뜻한다.

활동적이고 움직임이 크며 활동력과 승부욕이 강한 편이고 이재에 밝다. 역마살과 식신이 함께 있으면 부유하게 살고, 역마살이 편관, 편인, 겁재와 함께하면 실속 없이 바쁘기만 하다.

영업·외교·주재원·정치인·판매·국제기구 등 앉아서 일하는 직업보다 활동적으로 움직이는 직업, 국내외를 넘나드는 직업이 적성에 맞다.

(11) 육해살(六害殺)

여섯 가지의 해로움이 따르는 살이다. 질병, 화재, 도난, 사고, 관재구설, 일의 지체 등이 따른다.

사주에 육해살이 있으면 무슨 일이든 빨리 처리하는 습관이 있고, 고집과 승부욕이 강하다. 성격이 예민하고 감수성이 풍부하며 비밀이 많아 대인관계에서 문제가 발생할 수 있다. 자신이 좋아하는 일에는 의욕이 넘치나 그렇지 않은 일은 거들떠보지도 않는다.

육체적인 노동보다는 학문이나 예술 등의 직업, 남에게 베푸는 직업이 적합하다. 교사·의사·상담사·예술인·철학자·사회복지사 등이 좋다.

(12) 화개살(華蓋殺)

화려한 것을 덮는다는 뜻으로 만물을 추수해서 겨울 동안 저장했다가 봄에 다시 꺼내어 쓰는 저장 창고와 같다. 총명하고 학업에 재능이 뛰어나고 심신이 바르다.

천을귀인, 천덕귀인, 월덕귀인 등과 같이 있으면 학문 분야에서 성과를 낸다. 인성이 화개이면 문장력이 뛰어나 학자로 성공할 수 있다.

조용한 분위기를 선호하며 타인의 시선을 크게 의식하지 않는 내면의 성숙함이 있다. 고독함을 즐기고 예술 감각이 뛰어나고 정신세계에 관심이 많다. 또 종교나 인류의 창조, 우주, 예술 등에 관심이 많다. 문화예술, 종교·철학, 천체물리학·지구과학, 의학·생명공학 등에 두각을 나타낸다.

8일 차.
신살 (2)

3. 기타 길살

(1) 천을귀인(天乙貴人)

최고의 길신이다. 일간을 기준으로 판단한다.

일간	甲·戊·庚	乙·己	丙·丁	辛	壬·癸
지지	丑·未	子·申	亥·酉	寅·午	巳·卯

사주팔자에 천을귀인이 있으면 지혜롭고 총명하며 출세운이 있다. 인덕이 있고 위태로울 때 귀인의 도움을 받아 구제를 받게 되며, 흉한 일이 닥쳐도 전화위복이 된다.

인성이 천을귀인에 해당하면 좋은 부모를 만나며 학문적 성과를 거둘 수 있고, 식상이면 먹을 복이 많고 능력 발휘를 잘하게 된다. 재성이면 재물운·부인복이 좋고, 관성이면 관운·남편복이 좋다.

(2) 천덕귀인(天德貴人)

하늘의 덕으로 모든 흉액을 막아주고 나쁜 살로부터 보호해 준다는 길신이다. 월지를 기준으로 판단한다.

월지	寅	卯	辰	巳	午	未	申	酉	戌	亥	子	丑
천덕	丁	甲	壬	辛	亥	甲	癸	寅	丙	乙	巳	庚

관성에 임하면 관운이 좋고 무병장수하며, 인성에 임하면 심성이 매우 좋고 식신에 임하면 의식주가 풍부하다.

(3) 태극귀인(太極貴人)

입신양명하여 부하를 거느리고 횡재와 복이 따르고 흉액을 막아주는 길신이다. 일간을 기준으로 판단한다.

일간	甲·乙	丙·丁	戊·己	庚·辛	壬·癸
태극	子·午	卯·酉	辰·戌·丑·未	寅·亥	巳·申

어려운 순간이나 결정적인 순간에 귀인 및 하늘의 도움으로 유종의 미를 거두게 된다.

(4) 문곡(文曲)·문창(文昌)·학당귀인(學堂貴人)

모든 학문과 관계있는 길신이다. 학문적 재능이 뛰어나다. 일간을 기준으로 판단한다.

일간	甲	乙	丙	丁	戊	己	庚	辛	壬	癸
문곡	亥	子	寅	卯	寅	卯	巳	午	申	酉
문창	巳	午	申	酉	申	酉	亥	子	寅	卯
학당	亥	午	寅	酉	寅	酉	巳	子	申	卯

총명하고 지혜로우며 학습에 충실하여 성공 가능성이 높다.

(5) 관귀학관(官貴學館)

학문에 정진하여 관직에 있거나 직장생활을 하면 남보다 승진 영전이 순조로워 빨리 출세할 수 있는 길신이다. 일간을 기준으로 판단한다.

일간	甲·乙	丙·丁	戊·己	庚·辛	壬·癸
태극	巳	申	亥	寅	寅

공직에 길하며 공부를 잘하여 성공할 가능성이 높다.

(6) 월덕귀인(月德貴人)

조상의 덕으로 한평생 무병장수하며 모든 흉액을 막아준다는 길신이다. 월지를 기준으로 판단한다.

월지	亥·卯·未	寅·午·戌	巳·酉·丑	申·子·辰
월덕	甲	丙	庚	壬

전생에 쌓은 덕으로 현세에 덕을 본다는 의미도 있다.

(7) 건록(建祿)

정록이라고도 한다. 일간을 기준으로 한다. 사주에 건록이 있으면 총명하고 장수하고 출세하며, 특히 일지에 건록이 있으면 성공하여 부귀해지고 일평생 호의호식한다.

일간	甲	乙	丙·戊	丁·己	庚	辛	壬	癸
건록	寅	卯	巳	午	申	酉	亥	子

(8) 암록(暗祿)

주위의 음덕과 귀인의 도움을 받아 어려움에 부닥쳐 있을 때 잘 해결해 주는 길신이다. 일간을 기준으로 판단한다.

일간	甲	乙	丙	丁	戊	己	庚	辛	壬	癸
암록	亥	戌	申	未	申	未	巳	辰	寅	丑

항상 귀인이 도와주며 평생 재물이 풍족하고 영리하고 온후하다. 뜻하지 않는 행운이 잘 따른다.

(9) 금여(金輿)

금수레에 태워주는 것을 말하는 길신이다. 성품이 유순하고 은덕이 있고 행운이 있다. 부와 귀를 동시에 누릴 수 있고 좋은 배필을 만나며 타인의 존경과 도움을 받는다.

일간	甲	乙	丙	丁	戊	己	庚	辛	壬	癸
금여	辰	巳	未	申	未	申	戌	亥	丑	寅

(10) 천의성(天醫星)

병들고 상하면 치료해 주는 길신이다. 월지를 기준으로 한다.

월지	寅	卯	辰	巳	午	未	申	酉	戌	亥	子	丑
천의	丑	寅	卯	辰	巳	午	未	申	酉	戌	亥	子

의약계·종교인·상담직·사회복지·역학 계통에서 능력을 발휘한다. 현침살과 함께 있으면 예리한 바늘과 가위로 수술이나 치료를 잘할 수 있어 의학계가 적합하고, 천문성과 함께 있으면 예지력이 뛰어나 종교적, 철학적 자질이 있다.

(11) 현침살(懸針殺), 천문성(天門星)

현침	甲	辛	午	未	申

천문	卯	戌	亥	未

현침살은 글자의 모양이 침처럼 뾰족해서 현침살이라 한다. 성격이 예리하고 섬세하며 논리적이고 바른말을 잘한다. 의료계·요식업·건축업·기자·법관·종교 등에 적성이 맞는다.

천문성은 하늘의 뜻을 다른 사람에 비해 잘 판단하고 풀이한다. 예지력과 직관력이 탁월해 검사·경찰·의료계·법관·철학·역학 등에 유리하다.

4. 기타 흉살

(1) 삼재(三災)

삼재팔난(三災八難)을 줄여 삼재라 한다. 삼재에 해당하는 해에는 3가지 재앙과 8가지 어려움이 있다고 하는데 태어난 해를 기준으로 판단한다.

연지	亥·子·丑	寅·卯·辰	巳·午·未	申·酉·戌
삼재	巳·酉·丑	申·子·辰	亥·卯·未	寅·午·戌

연지의 묶음(명리에서는 삼합이라 한다) 첫 지지와 부딪히는 방위의 묶음(명리에서는 방합이라 한다)에서 첫 삼재가 시작된다.

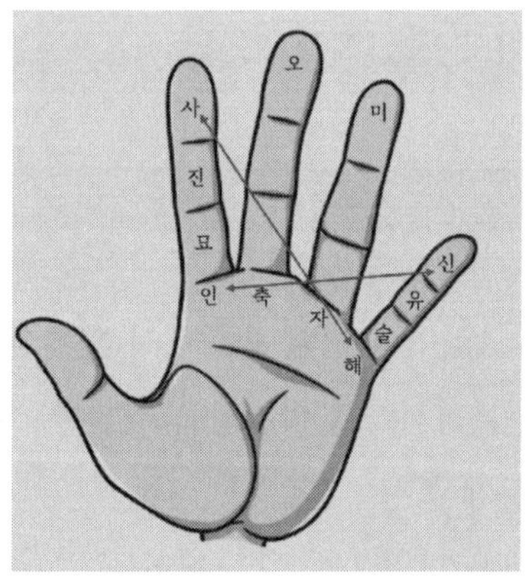

예를 들어 태어난 해가 인년(寅年)이면 인과 부딪히는 신(申)년이 삼재가 시작되는 첫해 즉 들삼재가 되는 것이다.

삼재가 시작되는 첫해를 들삼재, 두 번째 해를 묵은삼재, 마지막 해는 날삼재라 하는데, 누구에게나 3년씩 지나가는 것으로 작용력이 강하지 않다.

다만 삼재인 해가 사주에서 필요오행인 경우는 복이 들어오고, 삼재로 인해 오행이 과다하게 되면 나쁜 운이 들어오는 정도로 이해하면 된다.

(2) 양인살(羊刃殺)

날카로운 칼로 양을 잡는다는 뜻으로 관재구설과 시비가 많고 적을 많이 만들고 외로우며 자만심이 강하고 안하무인의 성격이 있다.

일간	甲	乙	丙	丁	戊	己	庚	辛	壬	癸
양인	卯	辰	午	未	午	未	酉	戌	子	丑

양인살이 연지에 있으면 조상과의 인연이 박하고, 월지에 있으면 부모나 형제 등의 흉사 또는 관계 단절이 발생하고, 일지에 있으면 배우자와 본인의 건강 문제, 관계 단절이 발생하며, 시지에 있으면 노년이 평온치 못하다.

양인살이 길한 작용을 하기도 한다. 겉으로 드러나는 공격성보다 내면의 강인함이 있고 자신의 생각과 감정을 잘 절제하며, 강한 정신력과 멘탈을 가능케 한다.

일간을 도와 건강, 재산, 명예 등 경사를 누리게 하고 강인한 정신력과 주체성, 승부욕과 추진력을 갖추어 매사 당당하고 왕성한 활동력으로 사회생활에서 성과가 나기도 하며, 공직에 진출하여 명성을 날리기도 한다. 군경, 의학계, 교도, 법관, 요식업, 도축업 등에서 성공한다고 한다.

(3) 귀문관살(鬼門關殺)

잡귀가 씌었다는 살로 신경쇠약이나 여러 형태의 정신이상과 질병, 불감증이나 변태성을 드러내는 흉살이다.

연지	子	丑	寅	卯	辰	巳	午	未	申	酉	戌	亥
귀문	酉	午	未	申	亥	戌	丑	寅	卯	子	巳	辰

진해·자유·미인·사술·오축·묘신으로 '진해의 자유 미인인 뱀술(사술)을 먹고 오죽하면 묘신하랴'로 반복하면 쉽게 외워진다.

귀문관살을 이루는 두 글자가 사주팔자 안에 함께 있어야 작용력이 발동되며 글자끼리 붙어 있는 것이 서로 떨어져 있을 때보다 작용력이 더 크다.

· 신경이 예민하고 과대망상증이 있다.
· 불안감이 많고 스트레스가 많아 우울증, 화병에 걸린다.
· 의부증, 의처증 등 의심병이 깊다.
· 예지력이 뛰어나고 직관력이 있다.
· 남성일 경우, 재성이 귀문관살이면 처가 변태 성격이거나 정신적으로 우울할 수 있다.
· 여성일 경우, 관성이 귀문관살이면 처가 변태 성격이거나 정신적으로 우울할 수 있다.
· 감수성이 발달하고 끼가 있다.
· 걱정이 많고 추진력, 배짱이 없으므로 사업은 피해야 한다.
· 행동에 비밀이 많고 과거에 집착하는 경향이 있다.
· 일지와 시지가 귀문관살이면 변태 성격이 많다.

(4) 원진살(怨嗔殺)

이유 없이 서로 미워하고 증오하는 살로 원진이 되면 직접 싸우지 않고 하는 일마다 불평하고 증오하고 불만이 많다. 궁합을 볼 때 적용하는 신살이다.

연지	子	丑	寅	卯	辰	巳	午	未	申	酉	戌	亥
원진	未	午	酉	申	亥	戌	丑	子	卯	寅	巳	辰

〈띠 동물로 본 원진〉

자미(쥐-양)	쥐는 양의 배설물이 묻으면, 털이 빠지고 몸이 썩어가니 양을 싫어한다.
축오(소-말)	소는 밭을 갈며 일만 하는데, 말은 풀밭에서 어슬렁거리니, 소는 말의 게으름을 싫어한다.
인유(호랑이-닭)	닭의 울음소리에 날이 밝고, 호랑이는 사냥을 멈추게 되니 닭을 싫어한다.
묘신(토끼-원숭이)	토끼는 자신이 예쁘다고 생각하는 눈과 지저분한 원숭이 엉덩이 색깔이 같으니, 원숭이 엉덩이를 싫어한다.
진해(용-돼지)	용은 열두 동물의 부분 부분을 형상화한 동물이나, 가장 못생긴 부분인 코가 돼지를 닮아서 돼지를 싫어한다.
사술(뱀-개)	발정기 때의 개 짖는 소리는 쇳소리가 강하여 고막이 없는 뱀의 귀에까지 울린다. 개의 쇳소리에 뱀은 놀라 허물을 미처 다 벗지도 못한 채 죽으니 뱀은 개를 싫어한다.

원진살은 불화하고 원망하는 정신적 괴로움의 살이다. 해당하는 육친 간에는 불화하고 부부 일지가 원진살이면 백년해로가 힘들다. 대운에서 원진을 만나면 직장·재물에 손실이 있다.

(5) 백호대살(白虎大殺)

백호를 만나 피를 흘리며 사람을 상하게 한다는 흉살이다.

일간	甲	乙	丙	丁	戊	壬	癸
백호	辰	未	戌	丑	辰	戌	丑

백호대살에 해당하는 육친이 흉액을 당하여 교통사고, 재난으로 비명횡사한다는 흉살이다.

'갑진이와 무진이가 임술·병술을 먹고 을미하게 취해 정축과 계축을 하다 다리가 부러져 수술을 받았다'로 반복하면 암기하기 쉬운데, 요즘은 스마트폰 어플에 자동으로 나오기에 굳이 외울 필요까진 없다.

사주가 신강하면 백호살을 맘껏 부릴 수 있어 길하게 본다. 사람의 기세가 강해 평범하지 않고 강하다. 백호대살이 있으면 남이 자신을 믿고 인정해 주는 것을 좋아한다. 추진력이 있고 배짱이 있으나 고집이 세고 남에게 지배당하기 싫어하여 독립적이고 자유로운 직업을 선택하면 좋다.

(6) 괴강살(魁罡殺)

괴강이라는 별에서 뿜어 나오는 살로 모든 사람을 제압하는 강력한 기운이 있다.

일간	庚	庚	壬	壬
괴강	辰	戌	辰	戌

일주가 괴강이면 정직하고 청렴결백하며 총명하고 지혜가 많다. 모험을 좋아하고 비범하며 통솔력이 있다. 여성은 활동성이 강하여 사회에 이바지하는 인물로 성장하나 남편이 별 볼 일 없을 수 있다. 농경사회보다 현대에 적합한 살이다.

(7) 고란살(孤鸞殺)

고독살이라 하고 여성에게만 해당한다.

일간	甲	乙	丁	戊	辛
고란	寅	巳	巳	申	亥

상기 일주에 해당하는 여성은 결혼을 못 하고 노처녀로 살거나, 남편과 생사 이별을 하고 독수공방을 하거나, 남편이 애인 문제로 고통을 받게 된다.

(8) 고진(孤辰)·과숙살(寡宿殺)

연지	亥·子·丑	寅·卯·辰	巳·午·未	申·酉·戌
고진	寅	巳	申	亥
과숙	戌	丑	辰	未

고진살은 고신살이라고도 하며 부부간 불화가 많고 별거, 이혼, 사별이 많아 상처살이라 한다. 과숙살은 여성에게 해당하고 상부살이라 한다.

9일 차.
오행으로 본 성격

1. 목(木)

목은 뻗어 나가려는 성격이지만 땅에 뿌리를 두기에 안정감이 있다.

근본을 땅에 굳게 박고 천천히 하늘로 뻗어 나가면서 자신을 찾고 목표를 향한다.

기본과 근본을 지키는 성향으로 동양에서는 인(仁)의 상징으로 봤으며, 선과 도덕의 상징으로도 보았다. 씨가 발아되어 굳은 땅을 뚫고 중력을 거슬러 하늘로 성장한다. 누가 알아주지 않아도 꾸준히 한 걸음씩 혼자 성장했기에 독립성이 강하고, 창조성, 추진력이 있다.

목은 하늘로 곧게 뻗은 침엽수부터, 담을 타고 오르는 담쟁이넝쿨과 같이 외양은 다를 수 있으나, 맨땅에서 숲을 이루듯 무에서 유를 창조하고, 짐승에게 자기 공간을 내어주는 어머니 같은 생명 공간으로서의 본질은 같다. 상대를 인정하고 배려하며 약자를 보호하는 지도자 성향이 강하다. 목은 뻗어 나가고 싶은 자신의 욕망과 명예욕, 자존심을 쉽게 표출하지 않으면서 목적을 성취해 나간다.

목은 누구보다 먼저 시작하고 모든 일에 앞장서는 진취적이고 적극적인 사람이며 전체를 폭넓게 바라보고 이해하여 적재적소에 사람이나 일을 배치하거나 큰 틀에서 구조화하는 것에 탁월하다.

(1) 목의 성격

발달	· 희망을 잃지 않고 포기할 줄 모른다. · 어질고 온순하며 대인관계가 좋다. · 집중력이 좋다. · 안정적이고 꾸준하다. · 명예를 중시하고 정의감이 있다. · 독립적이고 자유롭다. · 자아가 강하고 자신감이 있다. · 적극적이고 진취적이다.
과다 또는 부족	· 의견을 굽히지 않는다. · 편협되고 집요하며, 질투심이 많다. · 욕망이 과도하다. · 악착같은 맛이 없다. · 섬세하고 꼼꼼함이 부족하다. · 터무니없는 자신감이 있다. · 쉽게 좌절하고 쉽게 포기한다. · 끈기와 마무리가 부족하다. · 의지가 약하다. · 마음이 여리다. · 인색하다. · 질투심이 많다. · 의욕이 부족하다. · 계획성이 부족하다. · 목적의식이 없다. · 즉흥적이다.

(2) 목의 십신에 따른 성격

비겁	· 자유주의자 기질 · 타인을 가르치고 상담하는 직업에 적합 · 일로 접근하는 사람 싫어함 · 사람 가려 사귀나 한번 믿으면 끝까지 신뢰 · 공상이 크고 현실성이 다소 부족
식상	· 큰 목표, 큰 일에 매력을 느낌 · 초반 추진력은 좋으나 뒷심이 부족 · 정보수집 능력이 뛰어남 · 언어능력이 발달
재성	· 부드럽고 포용력이 좋음 · 이해심이 많음 · 현실감각이 뛰어남 · 창의력이 부족함
관성	· 자기 표현 적절히 잘함 · 티인에게 인정받으면 두 배의 능력을 발휘 · 명예욕이 강하고 자아의식 강함 · 작은 일보다 큰일에 관심 · 자기만의 세계를 추구하는 엉뚱한 기질
인성	· 자신이 좋아하는 일에는 몰두하나, 아니다 싶으면 손을 놓아버림 · 부드러운 듯 보이나 정신력이 강함 · 잠재력 뛰어남 · 자의식, 자기만의 틀이 확고부동함 · 자유주의자

(3) 사례

① 故 박원순 전 서울시장

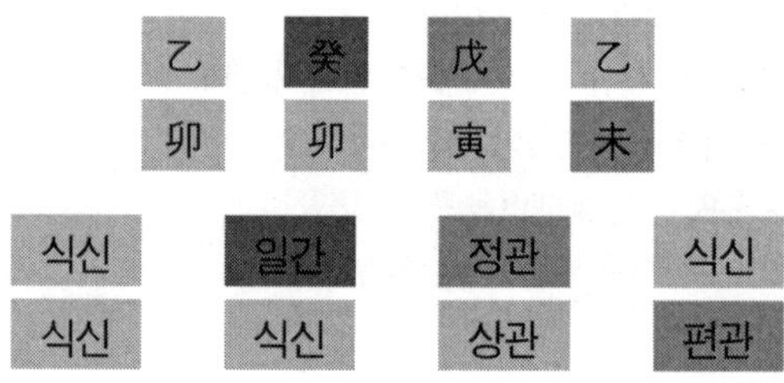

② 원희룡 국회의원

③ 정몽구 현대차그룹 명예회장

2. 화(火)

화는 생명에 필요한 태양이기도, 생명을 앗아갈 화마기도 하며, 철광석을 녹여 필요한 물건으로 제련할 수 있는 에너지이기도 하다.

화는 불씨만 살아 있으면 작은 입김에도 생명력을 잃지 않고, 다시 타오르고 활활 타다가도, 지속되는 가랑비에 쉽게 꺼지기 마련이니 그 힘이 강한 듯하면서 강하지 않다.

불을 밝고 빛나기에 어디서든 분명하고 명확하게 보인다. 뜨겁게 달아오르고 갑자기 꺼지기도 하니 다혈질적 성격이 강하고, 타고 나면 재만 남으니 공허함도 뒤따른다.

불은 아래에서 위로 올라가는 성격이 강해 열정적이고 추진력이 강하면서, 용광로처럼 모든 것을 녹여 버리니 통합과 재편의 리더십이 있고, 모양은 자유자재로 정형화되지 않은 형상이니 자신만의 틀을 고집하지 않는다.

가장 뜨겁고 가장 밝은 오행이 화이니, 화려한 것을 좋아하고 권력 지향적이며 무대에 올라 주목받기를 선호한다.

배려와 예의를 기본으로 하나 내면에는 다혈질적인 면과 본인이 가장 멋있고 잘났다는 마음을 품고 있다.

(1) 화의 성격

발달	· 열정이 강하고 활동적, 적극적이다. · 자신감이 넘친다. · 솔직하고 감정표현 좋다. · 절제 능력이 뛰어나다. · 실천력이 있다. · 인정이 많고, 겸손하며 예의 바르다. · 행동이 반듯하다. · 화려한 것을 좋아한다. · 예술적 능력이 있다. · 감수성이 뛰어나다. · 애매모호함을 싫어한다. · 칭찬에 약하다.
과다 또는 부족	· 성격이 급하고 불같고, 욱하는 성질이 있다. · 허황된 자신감이 강하다. · 분별력이 부족하다. · 지나친 모험을 선호한다. · 집착과 소유욕이 강해 쓰지 않는 물건, 오래된 물건을 절대 버리지 않는다. · 화를 내고 곧 후회한다. · 계획은 거창하나 끝맺음이 약하다. · 자존심이 무척 강하다. · 사소한 일에 목숨 건다. · 질투심이 많다. · 인내와 끈기가 부족하다. · 애정 결핍이 있다. · 잔꾀를 부린다. · 결정 장애가 있다.

(2) 화의 십신에 따른 성격

비겁	· 자신감이 강하다. · 타인의 마음을 쉽게 판단한다. · 성격이 급하다. · 융통성이 부족하다. · 사람들과 갈등이 잦다. · 느긋하고 여유로운 사람을 싫어한다.
식상	· 새로운 일을 시작하는 것을 두려워하지 않는다. · 주도하는 능력이 뛰어나다. · 성격이 급하다. · 목소리가 크고 말이 앞서는 경향이 있다. · 이상이 크나 현실감각이 다소 떨어진다. · 독립적이고 전문적인 일을 선호한다. · 예술적 능력과 끼가 발달하였다.
재성	· 즉흥적으로 불필요한 지출이 있다. · 사소한 일에 신경을 많이 쓴다. · 일을 잘 벌리나 뒷마무리가 약하다. · 놀고 즐기는 데 일가견이 있다.
관성	· 성질이 급하고, 다혈질이다. · 말이 많고 쉽게 흥분한다. · 열정적이나 집중력이 약하다. · 쉽게 시작하고 쉽게 포기한다.
인성	· 하고자 하는 것 많으나 뒷심이 부족하다. · 혁신적인 감각이 있다. · 좋은 사람, 싫은 사람 구분이 명확하다. · 참모 기질이 강하고, 주변에서 도와주면 능력을 발휘한다.

(3) 사례

① 故 노무현 전 대통령

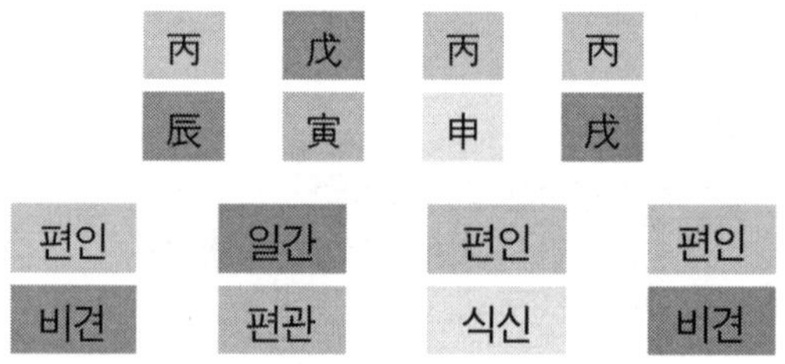

② 박지원 국회의원

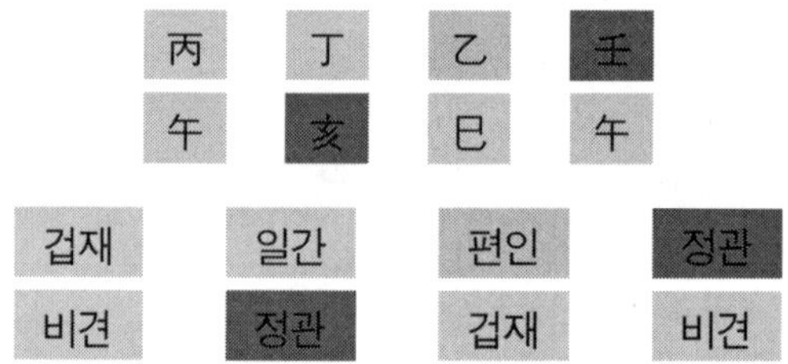

③ 故 신해철 가수

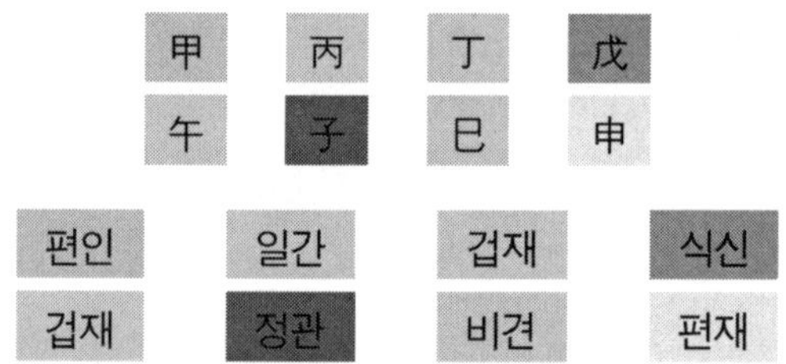

3. 토(土)

토는 광활한 평원을 의미하기도, 화분 속 흙과 같이 작고 제한된 땅을 의미하기도 한다.

넓고 좁고의 차이에 따라 성향적 차이는 존재하나, 씨앗이 뿌리를 내려 생명력을 유지하고 살아가게 하며, 지구 밑에는 용암 덩어리인 불을 품고 있으며, 불타고 남은 재는 흙으로 다시 품는 땅으로 회귀하고, 지하에는 바위와 금속을 품고 있는 등 포용력과 중재하는 성격을 기본 바탕으로 하고 있다.

누구에게나 친절하고 열린 사람이다. 낯선 사람들과도 부드럽고 유연하게 관계를 맺을 수 있고 가족의 화합을 중시하는 경향이 있다.

토는 넓은 평야처럼 사방으로 넓게 퍼져나가 스케일이 크지만 작은 화분 속 흙과 같이 허황하지 않다. 곡식과 열매를 성장시켜 생산물을 길러낸다. 실천하는 행동주의자 성격이다. 그러므로 생각나면 즉시 일을 실행해야 한다.

땅속에 지하수를 품고 있으면서도, 제방과 둑을 쌓아 물길을 막고 방향을 바꾼다. 즉, 자기 영역 범위 안의 일과 사람은 통제하고 관리한다는 의미이다.

토가 화합과 포용, 신뢰, 신의, 중재, 실용 등을 상징하는 것은 이와 같은 토의 성격 때문이다.

(1) 토의 성격

발달	· 믿음과 신뢰가 있다. · 책임감이 강하다. · 도량이 넓고 둥글둥글하다. · 타인에게 관대하다. · 끈기가 있다. · 중재와 타협을 잘한다. · 신용을 중시한다. · 싸움 회피하고 소통한다. · 말과 행동을 조심한다. · 좋은 게 좋은 거라고 생각한다.
과다 또는 부족	· 게으르다. · 고집불통 기질이다. · 본인 주관이 강해 주변과 갈등이 생긴다. · 지나치게 신뢰하다 손해를 본다. · 쉽게 토라지고 쉽게 화해한다. · 속마음을 숨겨 속내를 얘기하지 않는다. · 자기가 최고라고 생각한다. · 마음이 독하다. · 괜히 불안해한다.

(2) 토의 십신에 따른 성격

비겁	· 고집이 세고 자존심이 강하다. · 자기 분야에서 성공하려는 욕구가 강하다. · 자신이 맡은 일에 집착한다. · 좋은 사람, 싫은 사람 구분이 뚜렷하다. 그러나 겉으로는 티를 내지 않는다. · 명분에 사로잡혀 손해를 보는 경우가 있다.
식상	· 자신감이 있다. · 배짱이 좋고 적극적, 활동적이다. · 말재주가 좋고 머리가 총명하다. · 독립적, 자유로운 직업이 좋다. · 질투심이 강하고, 중심에 있으려 한다.
재성	· 속마음 드러내지 않는다. · 한번 믿으면 무한한 신뢰를 준다. · 의욕이 강해 맡은 일에 적극적이다. · 순간적인 집중력이 강하다. · 주변을 편하게 해줘 인기가 많다. · 체면치레를 중시 여긴다.
관성	· 솔직하고 우직하며 꾸준한 면이 있다. · 솔직하고 자존심이 강하다. · 책임감과 의무감이 강하다. · 자기 주장이 지나칠 때도 있다. · 명분이 주어지면 노력을 게을리하지 않는다.
인성	· 의욕적이고 긍정적이다. · 주제 파악을 못 해 철없이 보인다. · 어느 한 분야에 뛰어난 감각이 있다. · 결정으로 못하고 이러지도 저러지도 못한다.

(3) 사례

① 故 이병철 삼성그룹 명예회장

② 故 김영삼 전 대통령

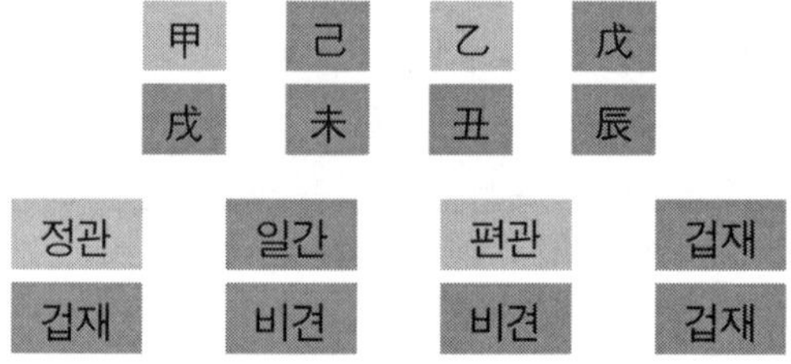

③ 조훈현 바둑기사

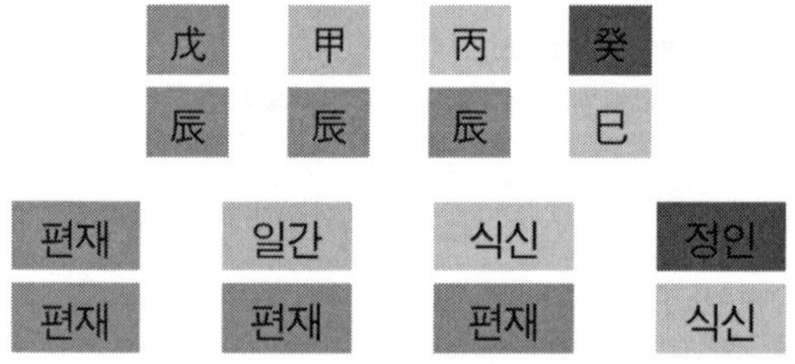

4. 금(金)

금은 바위, 돌, 금속, 강철, 광물, 보석, 칼 등을 상징한다.

형태가 어떻게 됐든 강하고, 단단하고, 빛이 나며, 고체의 완결성, 응집력을 갖고 있다.

금의 모습에서 흐트러진 모습을 찾기 어렵고, 한번 형태가 굳어지면 모습이 바뀌지 않는 성격으로 강한 결의, 의지, 결단력 등을 유추해 낸다.

금은 강한 화력에 의해서만 형태를 변형할 수 있으니, 자아정체성이 강하고 의지가 확고하며 신념이 강하다. 끝없는 제련과 세공을 거쳐야 탄생하는 보검으로 강하고 날카롭고 예리하나 자신이 최고라는 오만함도 있다.

또한 금은 열매를 상징하기도 한다. 겨울, 봄, 여름을 지나 가을이 돼서야 결실인 열매로 완성되기 때문에 일의 끝맺음, 성과 등을 상징하기도 한다.

자연의 법칙과 순리에 순응하기에 자신의 원칙과 사회규범인 법과 질서를 존중하는 성향이 강하다.

(1) 금의 성격

발달	· 의리·의협심이 강하다. · 자기 절제력이 강하다. · 결단력이 강하다. · 자기만의 원칙이 있다. · 무슨 일을 하기 전에 마음의 준비가 필요하다. · 한번 시작하면 깔끔히 마무리한다. · 속마음을 비치지 않는다. · 겉으로는 냉정히 보인다. · 손재주가 뛰어나다. · 손익과 계산이 빠르다.
과다 또는 부족	· 독불장군, 고집불통이다. · 흑백논리가 명확하다. · 인간 관계가 짧다. · 지나친 원칙을 고수한다. · 날카롭고 매몰차다. · 비수 같은 말투에 주변을 차갑게 만든다. · 자신의 생각을 강요한다. · 자신의 신념·원칙을 남들에게 강요하고, 상대방이 따를 때까지 잔소리한다. · 비판적인 성향이 강하다. · 자비심이 부족하고 욕심이 많다.

(2) 금의 십신에 따른 성격

비겁	· 자신만의 구조와 틀이 있다. · 자기 중심적 기질이 있다. · 일로 사람을 만나는 편이다. · 사람을 가려서 사귄다. · 자유방임적 사람을 싫어한다.

식상	· 자신의 현실에 대한 직시 능력이 뛰어나다. · 집중력과 끈기가 강하다. · 집착이 강하고 신경이 예민하다. · 자신과 다르면 간섭하고 잔소리가 심하다. · 강단이 있고 자신을 지키는 능력이 있다.
재성	· 매너 있고 대인관계가 좋다. · 자신의 맡은 일에 대한 책임감이 강하다. · 주관이 뚜렷하나 겉으로는 부드럽다. · 감각이 뛰어나고 자신만의 세계가 있다. · 계획적, 구조화된 일을 선호한다.
관성	· 자기 주관이 뚜렷하고 자기 세계가 있다. · 강직하고 타협하지 않는다. · 쓸데없는 고집을 부려 주변인을 불편하게 한다. · 작은 것에 집착하다 큰 것을 놓친다. · 자기 생각대로 되지 않으면 화를 낸다.
인성	· 자신 생각대로 되지 않으면 스트레스를 받는다. · 융통성 부족하다. · 엉뚱한 면이 있고 자신의 확고한 철학이 있다. · 눈치가 빠르고 감각이 발달하여 있다. · 좋은 것과 싫은 것이 명확하다.

(3) 사례

① 故 박정희 전 대통령

② 故 전두환 전 대통령

丙	庚	庚	辛
戊	申	寅	未
편관	일간	비견	겁재
편인	비견	편재	정인

③ 이명박 전 대통령

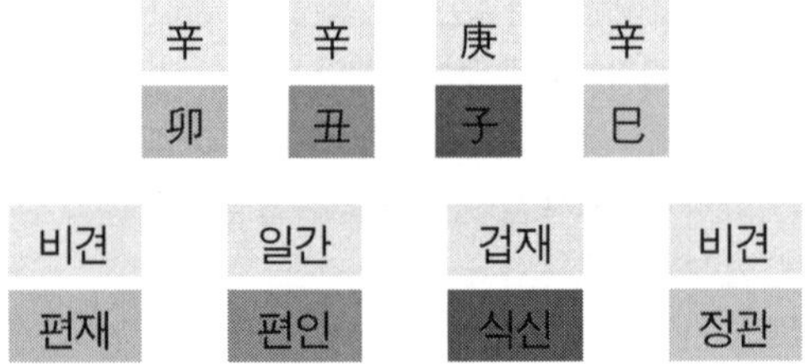

辛	辛	庚	辛
卯	丑	子	巳
비견	일간	겁재	비견
편재	편인	식신	정관

5. 수(水)

수는 물을 상징한다. 바다와 강, 계곡, 시냇물 등 물의 양에 따라 음양으로 나눈다.

태초에 생명이 처음으로 생긴 곳이 바다이고, 엄마 자궁 양수에서 태아는 성장한다.

물은 곧 생명이자 생명 창조의 기운이며, 새로운 출발을 의미한다. 수는 고요하며 어둡고 은밀하지만, 모든 것을 받아낸다. 토와 마찬가지로 포용성이 좋으나 수는 교감하고 감싸안는다. 공감 능력이 뛰어나고 유연하다.

물은 항상 움직이니 유동적이다. 흐르지 않는 물은 썩기 마련이다. 항상 파도가 치거나, 높은 곳에서 낮은 곳으로 흐르거나, 땅 위에서 땅 속으로, 위에서 아래로 스며든다.

물은 밖으로 드러내지 않고 아래로 밑으로 자신을 감추면서 흘러간다. 따라서 존재를 잘 드러내지 않으면서 서서히 영향력을 넓혀간다. 수완이 좋고 융통성이 뛰어나다.

배짱을 부리고 저돌적으로 행동하기보다는 생각이 유연하고 남에 대한 배려가 깊다.

생각이 많기에 지혜와 상상력이 발달하였다. 겉으로는 평온해 보여도 머릿속에는 항상 다양한 생각이 여러 갈래 복잡하게 얽혀있다. 지나치면 우울감, 부정적인 감정에 휘말린다.

(1) 수의 성격

발달	· 타인에 대한 배려가 깊다. · 총명하고 창의력이 있다. · 상상력이 많다. · 지혜롭다. · 설명하는 것을 좋아한다. · 정보 수집을 좋아한다. · 두뇌 회전이 빠르다. · 수리적 사고가 좋다. · 침착하고 내성적이다. · 기획력과 계획성이 있다. · 마음이 넓고 사교적이다. · 이해력이 빠르다. · 배움에 대한 의욕이 크다.
과다 또는 부족	· 내성적이다. · 부정적 생각이 많다. · 잔재주가 넘친다. · 반성하지 않는다. · 의지가 약하고 추진력이 없다. · 온후하나 변덕이 심하고 예민하다. · 자신감이 부족하고 소심하다. · 자존심이 강하나 용기가 부족하다. · 욕심이 과도하다. · 음모와 술수에 능하다. · 계획성이 없고 무모하다. · 아는 척을 많이 한다. · 적응력이 부족하다.

(2) 수의 십신에 따른 성격

비겁	· 자존감이 강하나 겉으로는 티 내지 않는다. · 오감이 발달하여 있다. · 자신만의 옳고 그름에 대한 기준이 명확하다. · 생각이 많으나 실천력이 떨어진다. · 피곤해하고 스트레스를 쉽게 받는다.
식상	· 본능적인 직감이 뛰어나다. · 생각이 많고 부지런하다. · 자신의 감정과 생각을 말하기 좋아한다. · 무슨 일이든 빨리 결정해서 손해를 본다.
재성	· 생각이 많아 쓸데없는 일에 시간을 낭비한다. · 사고가 개방적이다. · 감수성이 뛰어나다. · 욕심과 탐욕이 있다. · 주변 사람을 너무 믿는다.
관성	· 분석적인 사고를 한다. · 계획적이고 정교하다. · 신경이 예민하여 조그만 일에도 날카롭다. · 자신이 한 일에 대해 후회를 많이 한다. · 아이디어가 풍부하다. · 일에 대한 적극적 자세가 있다. · 감각이 뛰어나다.
인성	· 새로운 사람과 낯선 장소에 적응이 늦다. · 고지식하고 융통성이 부족하다. · 마음이 떠나면 바로 손절한다. · 제대로 표현하지 못해 오해받기 쉽다.

(3) 사례

① 故 김대중 전 대통령

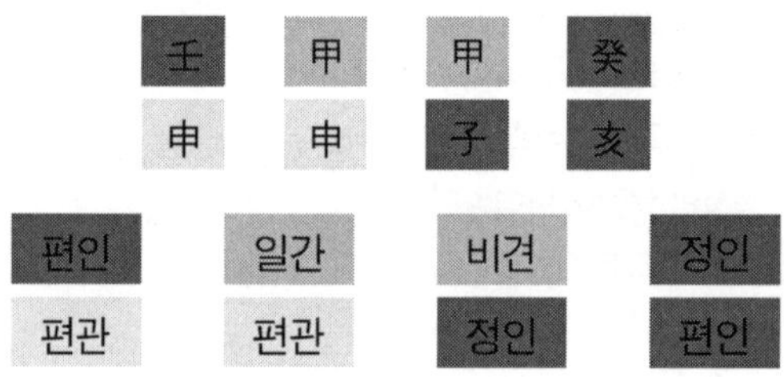

② 윤석열 전 대통령

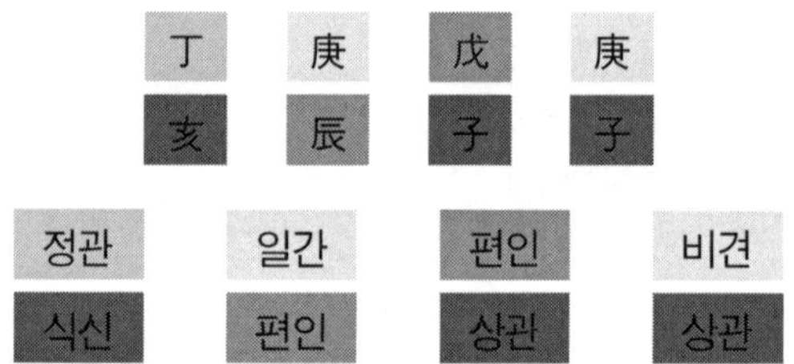

③ 홍준표 전 경북도지사

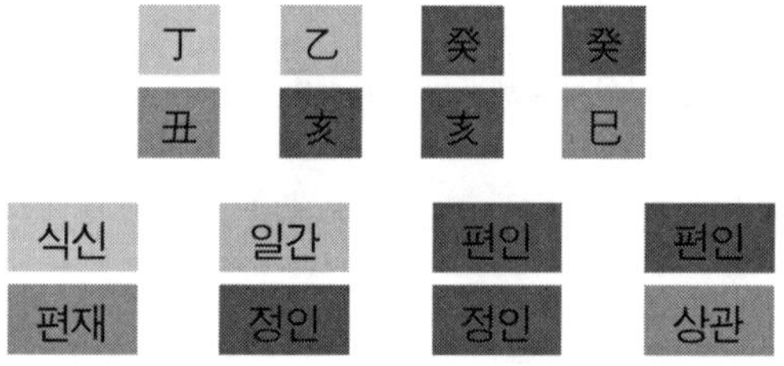

10일 차.
일주로 본 성격 (1)

오행과 십신으로 아이의 기본적인 성격 파악이 가능하다. 일주는 태어난 날을 의미하는 데 천간과 지지가 결합하여 또 하나의 특징을 보여주고 있으므로 성격 판단에 보조적으로 도움이 된다.

60갑자로 이루어진 일주를 모두 머릿속에 넣을 필요는 없으며 궁금하고 알아보고자 하는 일주만 찾아서 그 특징을 오행과 십신의 재료에 조미료처럼 가미하여 주면 충분하다.

1. 갑자(甲子)

갑자 일주는 60갑자의 우두머리인 양목 갑목(甲木)과 정인인 자수(子水)가 결합된 일주이다.

겨울의 한복판에 큰 나무는 빨리 열매를 맺고 싶은 욕망이 강해서 재물·명예·지위 등 여러 면에 강렬한 욕망이 있다.

욕망이 지나쳐서 일찍 고향을 떠나 동분서주하는 경우가 많으며 사주 구성이 안 좋으면 대부분 실패하는 경우가 많고, 또 을목(乙木)과 달리 한번 실패하면 다시 일어서는 데도 어려움이 있다.

만인을 이끌려는 지도자 기질이 있으나, 물 위에 뜬 나무이니 수가 지나치면 주색으로 실패하는 때도 있다. 병화(丙火)를 보면 곧게 성장한다. 교육 분야나 건축업이 적격이다.

2. 갑인(甲寅)

갑인 일주는 갑목(甲木)과 비견인 인목(寅木)이 결합된 일주이다.

갑목이 아직 겨울의 냉기가 남은 이른 봄에 싹이 트는 형상이라 꿈이 크고 위풍당당하다.

성품이 급하고 호랑이 기질이 있어 고독해질 우려가 있다. 자존심이 강하고 주관이 확고하며 고집이 세고 리더십이 있다.

꾸준히 반복하는 일보다는 자유롭고 창의적이며 편안한 일을 선호하고 조직에 구속되는 것을 싫어한다. 남의 말을 안 들어 남의 밑에 있을 수 없으니, 직장생활보다는 독립해서 자기 사업을 하든지 전문 기술·전문자격증으로 생활하는 것이 적합하다.

3. 갑진(甲辰)

갑진 일주는 갑목(甲木)과 편재인 진토(辰土)가 결합된 일주이다.

갑목이 꽃을 피우고 줄기를 만드는 과정이라 용기가 넘치고 독립심이 강해 모든 일을 다른 사람에게 기대하지 않고 직접 실행하는 경향이 강하다.

편재를 깔고 있으니, 재물을 모으는 능력은 탁월하나, 나무의 뿌리가 튼튼하지 않아 욕심에 비해 결과가 기복이 있다. 호기심이 많아 시작은 잘하니 미무리가 약하다. 자존심이 강하고 타인의 간섭을 싫어하며, 지나친 독선으로 분쟁이 발생한다. 다재다능하여 중도 포기만 하지 않는다면 교육, 군인, 경찰, 의료, 법률, 금융, 상담업에서 성공 가능성이 높다.

4. 갑오(甲午)

갑오 일주는 갑목(甲木)과 상관인 오화(午火)가 결합된 일주이다.

갑목이 열매와 꽃을 만발하였다. 이상이 높고 창조적이고 개척 정신이 뛰어나고, 상관의 기세가 강해 적극적, 활동적, 모험적 성향이 발달했으며 화려하고 표현하는 능력이 뛰어나다.

지나치게 자신의 재능을 과시하다 말로 인해 손해를 볼 수 있고, 재물에 집착이 강하고 인색한 경향이 있다. 반복되는 일보다 창의적이고 리더십이 요구되는 분야, 자유롭게 자신의 감정을 표출하는 분야에 적합하다.

5. 갑신(甲申)

갑신 일주는 갑목(甲木)과 편관인 신금(申金)이 결합된 일주이다.

갑목이 열매가 무르익었다. 열매를 수확하고 겨울을 대비하는 갑신 일주는 계절 변화의 중심에 있다.

위아래 위계질서가 명확하며, 본인을 극하는 편관을 깔고 있으므로, 항상 누가 나를 해할까 조바심을 내며, 공감 능력이 다소 떨어져 주변인과 다툼이 있고 인색한 면이 있다.

변화와 개혁을 추구하고 대비하는 성품으로 적응력이 뛰어나고, 창의력과 감각이 발달하여 있어 정치, 사회운동, 경찰, 검찰, 디자인, 의료, 예체능 등 분야에 재능이 있다.

6. 갑술(甲戌)

갑술 일주는 갑목(甲木)과 편재인 술토(戌土)가 결합된 일주이다.

본격적으로 깊어지는 가을에 우뚝 솟은 갑목은 겨울을 대비하고 있다.

돌아오는 봄을 기대하며 겨울의 잠복기를 대비하는 나무로, 인내심이 강하고 풍부한 감정이 있어 낭만을 즐길 줄 아는 성품을 지녔고 리더십이 강하다.

사려가 깊어 성실하게 맡은 일을 잘 하지만 다소 성격이 과격한 경향이 있어 다른 사람들에게 불씨가 되는 말을 잘하여 분쟁의 소지가 있고 남의 탓을 잘한다.

술을 좋아하고 허풍이 있어 주색에 조심해야 하고, 여성은 여장부 기질도 있어 남자를 지배하려 하기도 한다.

리더십과 진취성, 실용성과 책임성이 강하여 사업적 감각이 뛰어나다. 부동산, 개인사업, 금융, 교육, 방송인, 강사 등의 영역에서 두각을 나타낸다.

7. 을축(乙丑)

을축 일주는 을목(乙木)과 편재인 축토(戌土)가 결합된 일주이다.

추운 겨울 봄을 기다리는 새싹, 난초, 넝쿨, 수풀 등을 상징한다. 한겨울 한파 속에 새싹을 피우기 위해 힘을 응축하고 있어, 의지력이 굳고, 이상과 욕망이 강하다. 남에게 신세 지는 것을 싫어하며 독립심이 강하다.

을축은 풀 위에 있는 소로 상징하기도 하는데, 소는 농사짓는 데 유용하고 꾸준하고 끈기가 있다. 꾸준히 부를 축적하는 재주가 있고 사교성이 좋다. 인정이 많고 감상적이다.

공직, 대기업, 교육, 체계화된 일에 적성이 맞는다.

8. 을묘(乙卯)

을묘 일주는 을목(乙木)과 비견인 묘목(卯木)이 결합된 일주이다.

새싹이 돋아나고 꽃이 피는 이른 봄에 을목은 바깥세상으로 나가려는 의지와 고집이 세나, 내면의 섬세함과 안정성을 지닌 외유내강의 전형이다.

성숙해지려는 기질이 강해 미래에 대한 욕망이 크고, 뛰어난 외모에 재능이 출중하니 많은 사람들에게서 호감을 얻는다.

조급성과 고집이 세고, 명예욕과 인기욕이 강하다. 조직 생활에 잘 적응하고 학습 능력이 발달하여 있다. 교육·행정·전문직 분야에서 두각을 나타내고 자수성가하는 경우가 많다.

9. 을사(乙巳)

을사 일주는 을목(乙木)과 상관인 사화(巳火)가 결합된 일주이다.

본격적인 여름이 시작되기 전 꽃이 만발하여 개화한 형상이다. 꽃이 태양열을 만났으니 명랑하고 화려하며 예술적 감각이 뛰어나다.

사람을 끌어당기는 힘이 있어 타인의 사랑을 많이 받고, 총기가 발달하고 언변이 능숙하며 감정이 풍부해 희로애락 표현이 분명하다.

감수성이 발달하였으나 예민하여 감정 기복이 심하다. 학문, 예술, 예능, 방송, 교육, 서비스업에서 재능을 발휘한다.

10. 을미(乙未)

을미 일주는 을목(乙木)과 편재인 미토(未土)가 결합된 일주이다.

여름의 절정을 이루는 미월에 풍성한 수풀을 이루는 을미 일주는 재물이 풍족하다. 먹을 게 풍족하니 창의력이 뛰어나고 활발하다. 인정이 많고 두뇌가 명석하여 학문이나 예술적 자질이 있다. 처세술이 좋지만, 지구력과 결단성이 부족하다.

음식과 의류, 기호가 까다롭다. 여성은 고독하고 꿈을 잘 맞추는 등 영감이 발달하여 있다. 창의적인 분야나 예술, 철학 분야에서 두각을 나타낸다.

11. 을유(乙酉)

을유 일주는 을목(乙木)과 편관인 유금(酉金)이 결합된 일주이다.

나를 짓누르는 편관인 유금을 밑에 깔고 있다. 바위나 칼날 위에 연약하게 붙어 있는 형상이다. 다음 봄을 기다려

땅에 든든하게 뿌리를 내리기를 희망하나, 현재는 뿌리를 길게 박지 못해 불안하다. 겉으로는 부드럽고 다정해도 내면은 의지가 강하고, 생존력이 뛰어나다.

신중함과 세심함이 돋보이나 우유부단할 때가 많다. 자기 절제력이 뛰어나고 배려심이 강하다.

공직, 대기업 및 의료, 교육, 간호, 디자이너, 요식업, 미용 등에서 재능을 발휘한다.

12. 을해(乙亥)

을해 일주는 을목(乙木)과 정인인 해수(亥水)가 결합된 일주이다.

한겨울 물가에 핀 초목이라 봄을 원하나, 봄까지 너무 멀어 따뜻한 해를 쫓아 이리저리 방향을 튼다.

총명하고 활동적이나 근심과 비밀이 많다. 성격이 급하고 싫증을 빨리 낸다. 자기 주관이 약해 남 말에 잘 휩쓸리고 의지가 약하다. 외골수 기질로 사회 적응이 어려울 수 있다.

자존심을 죽이고 기다리면 결국 봄이 찾아오듯 좋은 결실을 보게 된다. 예술·기획·종교·상담·패션 분야에 적합하다.

13. 병자(丙子)

병자 일주는 병화(丙火)와 정관인 자수(子水)가 결합된 일주이다.

한겨울 태양은 주위를 따스하게 하지만, 추운 날씨 때문에 만물을 성장시키는 데 그 소임을 다하지 못한다. 성품이 밝고, 명랑하여 주변인들로부터 환영을 받기는 하나, 속으로는 시름과 걱정이 많다. 물과 불처럼 활동성과 감수성을 고루 갖추어 감정 기복이 크다. 격식을 차리고 자신을 드러내기 좋아한다.

목소리에 힘이 실리고 언변이 뛰어나며, 책임감이 강하고 체계적인 사고로 리더십을 발휘한다. 지지에 정관을 깔고 있어 공직이나 관리직에 적합하다.

14. 병인(丙寅)

병인 일주는 병화(丙火)와 편인인 인목(寅木)이 결합된 일주이다.

아직 추위가 남아 있지만 태양 에너지로 눈이 서서히 녹기 시작하며 본격적인 봄을 맞이한다. 초목에 생명의 힘이 넘쳐나고 진취적인 기상으로 성장에 대한 욕망이 강하다. 성격이 밝고 지모가 출중하고 솔직담백하며 주위의 도움을 많이 받는 형상이다.

일을 시작하면 적극적으로 하고, 어느 정도 완성되면 편안하게 휴식을 즐길 줄 아는 성격이며 창의성·추진력이 강하고 자존감이 높아서, 창의적인 분야, 교육, 기술, 정치, 외교 등에서 성공 가능성이 높다.

15. 병진(丙辰)

병진 일주는 병화(丙火)와 식신인 진토(辰土)가 결합된 일주이다.

봄의 기운이 왕성한 봄날의 태양을 상징한다. 태양의 에너지가 대지에 흡수되어 생명을 길러내니, 재물복과 식복이 풍부하며, 명랑하고 성실한 성향을 보인다. 본인의 능력이 발휘되고, 추진력이 좋으나 아직 결실을 이루기에는 이르니 조급함을 경계해야 한다.

화술이 뛰어나 일 처리가 능수능란하다. 순한 양 같으나 화나면 불같고, 자기주장을 내세우다 주변과 의견충돌이 발생한다. 이러한 성격을 절제하고 인내심을 가지면 크게 성공한다. 창의성과 순발력이 발휘되는 교육, 디자인, 증권, 방송, 요식업에 적합하다.

16. 병오(丙午)

병오 일주는 병화(丙火)와 비견인 오화(午火)가 결합된 일주이다.

여름이 시작되는 뜨거운 계절의 태양으로 강한 화기를 지녔다. 높은 이상과 도덕적인 열정을 갖고 남의 마음을 이끄는 매력이 넘쳐난다. 호탕하고 개방적이어서 사람을 잘 사귀고 매사 자신감이 넘치나 결실을 이루기에는 아직 부족하다. 리더십과 추진력이 뛰어나고, 열정적이며 독립적인 성향을 지닌다.

전문성과 독립성이 요구되는 분야가 적합하고, 개인사업보다는 조직 및 전문자격을 통해 진가가 발휘된다.

17. 병신(丙申)

병신 일주는 병화(丙火)와 편재인 신금(申金)이 결합된 일주이다.

장마와 태풍, 무더위가 한창인 늦여름의 태양이다. 마지막 더위만 지나가면 결실을 보는 가을이 온다.

병화의 열정과 신금의 결단력이 결합되어 목표에 대한 의지가 강하고 추진력과 리더십이 뛰어나다. 이재에 밝고 다재다능하며, 사려가 깊고 부드러운 성품이다.

남성은 출세욕·영웅심이 강하고 여성은 내조가 훌륭하고 가족에 헌신한다. 한 곳에 안주하지 못하는 불안정성이 있다. 조직의 관리직, 법조계, 금융, 사업에 두각을 나타낸다.

18. 병술(丙戌)

병술 일주는 병화(丙火)와 식신인 술토(戌土)가 결합된 일주이다.

벼가 익어가나 건조한 가을의 태양이다. 건조하므로 성질이 급하고 인내력이 부족하다. 결실을 이루어 풍족해 보이나 실상은 그러지 않으니, 화려하나 내실이 없는 형국이다.

해가 지고 겨울이 다가오니 내년의 수확까지 참고 인내해야 한다. 참을성을 기르고 사려 깊게 행동하면 노후가 풍족하다.

창의성과 실천력이 뛰어나며 고집이 세다. 교육·의료·방송·언론 등에서 두각을 나타낸다.

19. 정축(丁丑)

정축 일주는 정화(丁火)와 식신인 축토(丑土)가 결합된 일주이다.

눈이 내리는 추운 겨울의 달이다. 한겨울에서 봄의 시작인 인월로 넘어가기 직전 달이다. 세상이 변화하려 하니, 밤하늘의 달은 항상 자리를 지키며 그 변화를 기다린다. 이상과 목표를 향한 집념이 강하고 변화를 추구하는 성품을 지녔다. 봉사 정신도 투철하나 일을 너무 많이 벌여 일복이 많은데 실속은 많지 않다.

내면의 따뜻함과 외면의 차가움이 동시에 있고, 자기 주도적 성향이 강하다. 예술적인 재능과 표현력이 뛰어나고 주목받기를 좋아한다. 경영, 정책 입안, 기획, 작가, 디자이너 등 능동적이고 체계적이며 창의성이 요구되는 직업에 적합하다.

20. 정묘(丁卯)

정묘 일주는 정화(丁火)와 편인인 묘목(卯木)이 결합된 일주이다.

꽃을 피우려는 시기에 밤하늘의 달로 춥지도 덥지도 않은 편안한 상태이며, 달과 토끼의 정겨운 이미지를 형상화한다. 공감 능력이 뛰어나고 상황판단 능력이 좋다. 창의력과 센스가 있고, 심성이 좋고 다정다감하며 주변의 인기를 얻는다. 무언가 해내고자 하는 욕망이 강하고 총명하고 예지력이 뛰어나나, 다소 내성적이며 추진력이 약하다.

기획력·분석력과 창의성이 좋아 법조계, 의료계, 건축 등 전문직이나 디자인, 예술, 방송 등에 적합하다.

11일 차.
일주로 본 성격 (2)

21. 정사(丁巳)

정사 일주는 정화(丁火)와 겁재인 사화(巳火)가 결합된 일주이다.

여름이 시작하는 계절 낮에 뜬 달은 달빛이 은은해, 강렬한 해에 가려 영향력을 펼칠 수 없다. 그러나 곧 어둠이 내리는 것을 알기에 계속 그 자리를 고수하려 한다. 솔직, 담백, 명랑하고 예의가 바르며 화려함을 선호한다. 욕망이 강하고 집념이 있으며 정의감, 배짱, 카리스마를 갖추었다. 매사 강하게 의견을 얘기하지만 온화함을 바탕에 깔고 있어 인심을 잃지는 않는다.

남의 밑에서 일을 하지 못하는 성격으로 개인사업·요식업·전문직·프리랜서가 적합하다.

22. 정미(丁未)

정미 일주는 정화(丁火)와 식인인 미토(未土)가 결합된 일주이다.

자기를 태워 주변을 밝히는 달과 모닥불을 형상화한다. 자기희생으로 주변을 포용하니, 유쾌하고 활발하며 봉사정신, 희생정신이 강하다. 언변이 좋고 베풀기를 좋아하니 실속은 없다. 돈을 직접 관리하는 성격이라 자기 재물을 빼앗기는 법이 없다. 창의성과 뛰어난 언변을 바탕으로 한 기술영업·예술·디자인·방송·변호사 등에 적합하다.

23. 정유(丁酉)

정유 일주는 정화(丁火)와 편재인 유금(酉金)이 결합된 일주이다.

추수하는 계절의 달은 번영과 풍요로움을 상징한다. 성정이 온화하고 따뜻하며 다재다능한 재능과 융통성이 좋아 모임에서 리더 역할을 한다. 완벽주의적 성향으로 맡은 일에 최선을 다하나 변덕스러움과 소극적인 면도 있다.

감수성이 예민하고 예술적 감각이 뛰어나며 섬세하다. 진취적이고 개혁적이다. 당장은 돈이 모이지 않고 힘들지만, 인내를 갖고 한 분야에 집중한다면 대성한다. 천을귀인, 문창귀인, 학당귀인을 두루 갖추어 재물복과 인복이 풍부하다. 금융, 부동산, 교육, 예술 등에서 두각을 나타낸다.

24. 정해(丁亥)

정해 일주는 정화(丁火)와 정관인 해수(亥水)가 결합된 일주이다.

입동을 지난 해월은 본격적인 겨울을 준비하고 있다. 어둡고 추운 환경 속에서 은은한 달빛이 조력자가 되어 길을 비추니 바다의 등대와도 같다. 많은 사람에게 불빛을 인도해 주는 리더십이 있고 만인에게 추앙받는 성품을 지녔다. 천을귀인이 있어 귀인의 도움을 받는다.

자존심이 강하고 이상향을 추구하며 예술적 감각이 뛰어나나 지구력과 끈기가 부족하다. 조직 생활에 적합하여 공직, 대기업, 교수, 교사 등에 적합하다.

25. 무자(戊子)

무자 일주는 무토(戊土)와 정재인 자수(子水)가 결합된 일주이다.

강과 들판이 꽁꽁 언 한겨울에 우뚝 솟은 산이고 대지이다. 말수가 적고 행동이 신중하고 넓은 포용력과 깊은 이해심을 지녔지만, 자존심이 강하고 변화를 싫어하는 경향이 있다. 속마음을 쉽게 드러내지 않아 주변 사람들이 답답해한다.

정재를 깔고 있으니, 남자의 경우 배우자 복이 좋고 경제력이 있다. 안정적이고 신의가 있어 직장생활에 어울리며, 자신만의 기술을 가지고 안정적인 경제 활동을 하는 것도 적합하다.

26. 무인(戊寅)

무인 일주는 무토(戊土)와 편관인 인목(寅木)이 결합된 일주이다.

추위가 아직 남아있는 초봄에 산에 있는 호랑이와 같다. 의욕이 넘치고 개척 정신이 강하며 책임감이 있고 리더십이 출중하다. 중후한 면이 있으나 고집이 세고 승부욕이 강해 타인과 갈등을 유발할 수 있다.

음기가 없는 양오행의 결합으로 권위와 인품을 갖춰 존경받는 인물로 성장 가능하나, 한번 꺾여 무너지면 다시 일어서는 데 어려움이 있다. 학자·교육자·공직·IT·전문성을 바탕으로 하는 직업에 적합하다.

27. 무진(戊辰)

무진 일주는 무토(戊土)와 비견인 진토(辰土)가 결합된 일주이다.

봄의 기운이 왕성하여 나무가 무성한 산과 같다. 용모가 수려하고 신의가 있으며 이상과 포부가 크고 대범한 경향이 있다. 우직하고 소신이 있으며 책임감이 강하나 고집이 세고 완벽주의 성향으로 타인의 의견을 잘 들으려 하지 않아 융화가 쉽지 않다.

비견과 백호살이 함께하니 외적으로는 호탕하나 내심 소심하며, 화가 나면 물불 가리지 않고 감정 기복이 심할 수 있다. 독립적인 직업·엔지니어·개인사업·의사, 변호사 등 전문직 등이 적합하다.

28. 무오(戊午)

무오 일주는 무토(戊土)와 정인인 오화(午火)가 결합된 일주이다.

뜨거운 여름의 높은 산과 들판이다. 열기가 강한 대지라 강인한 의지와 정열적이다. 책임감이 있고, 현실적·실용적이다. 열기가 지나쳐 인색한 면이 있을 수 있고, 감정표현이 부족하고, 고집스럽다.

신뢰와 의리를 중시하고 리더십이 뛰어나 안정성과 체계화된 조직에서 능력을 발휘한다. 경영·행정·부동산·법률·정치 분야에서 두각을 나타낸다.

29. 무신(戊申)

무신 일주는 무토(戊土)와 식신인 신금(申金)이 결합된 일주이다.

무더운 더위와 태풍이 오는 계절의 산과 넓은 들판으로 형상화된다. 산에 귀한 광물이 묻혀 있는 형상으로 보기도 한다. 뛰어난 재능과 무한한 가능성을 지녔으며 겉으로는 후덕하나 내면은 강한 의지가 있다.

창의력이 뛰어나고 다재다능하여 관심 분야가 많아 한 가지 일에 집중하기 어렵다. 나들이를 좋아하고 욕망이 지나쳐 주색에 빠질 우려도 있다. 노력과 결단력으로 자수성가하는 일주이며 독립적이고 간섭이 적은 직업에 적성이 맞는다.

30. 무술(戊戌)

무술 일주는 무토(戊土)와 비견인 술토(戌土)가 결합된 일주이다.

깊어지는 가을의 넓은 들판이나, 논밭을 상징한다. 농부가 파종한 곡식이 결실을 보는 형상으로 재물욕이 있고, 부지런하며 책임소재·시시비비가 명확하다.

명예와 자존심을 중시하며, 책임감과 신뢰성이 뛰어나나, 감정 기복이 있고 제 뜻을 밀어붙이는 경향이 강하다. 괴강살과 천문성으로 종교·철학에 관심이 많다. 기술이나 전문직 분야에서 두각을 나타내고 다재다능하며 재물에 대한 욕심이 강하다.

31. 기축(己丑)

기축 일주는 기토(己土)와 비견인 축토(丑土)가 결합된 일주이다.

추운 겨울의 화단을 의미하기도, 논밭을 부지런하게 가는 황소를 의미하기도 한다.

맡은 일에 책임감을 가지고 우직하게 완성하는 성실함이 뛰어나다. 부드럽고 중립적이고 타인을 배려하며 갈등을 피하는 평화주의자이다. 겉으로는 소극적이나 목표를 향해 꾸준히 노력하는 실천형 성격이다.

돈을 알뜰하게 모아 천천히 부를 이루는 경우가 많다. 부동산, 공무원, 금융 등 안정적이고 전문성이 요구되는 분야에 두각을 나타내고, 빠른 결정과 창의력이 필요한 업무는 적합하지 않다.

32. 기묘(己卯)

기묘 일주는 기토(己土)와 편관인 묘목(卯木)이 결합된 일주이다.

봄의 절정에 새싹을 트이는 토양을 형상화한다. 긴 겨울 꽁꽁 언 땅을 뚫고 지상으로 올라온 새싹은 거칠 것이 없다. 위로 솟구치려는 기질이 강하고 자존심이 강하다. 자상하고 꼼꼼하며 타인과의 신뢰를 중시하나 지기 싫어하고 반항기가 심하여 겸손하지 않은 것으로 비친다.

조직 생활보다 자유로운 환경을 선호하며 창의적 분야, 상담, 교사, 비영리단체에서 타인을 돕는 직업이 적합하다.

33. 기사(己巳)

기사 일주는 기토(己土)와 정인인 사화(巳火)가 결합된 일주이다.

봄의 기운이 남아 있는 계절의 정원을 형상화한다. 여름을 맞아 꽃이 만발하였지만, 아직 본격적인 여름 전으로 토양의 속살이 보인다.

겉은 화려하나 실속이 없는 등 다면성을 지니며, 다소 경솔한 면이 있다. 말을 잘하고 인정이 많고 인덕이 있다. 자존심이 강하고 독립적이며, 목표 달성을 위해 끈기 있게 노력한다.

승부욕과 추진력이 강하고, 분석력과 뛰어난 현실적 사고를 바탕으로 부동산, 기획, 광고, 홍보, 교육 분야에 성과를 보이며 전문직과 개인사업에서 성공할 가능성이 높다.

34. 기미(己未)

기미 일주는 기토(己土)와 비견인 미토(未土)가 결합된 일주이다.

뜨거운 열이 가득한 한 여름의 정원의 토양으로, 열기가 밖으로 뻗어 나가지 못하니, 조급한 면과 인내심이 동시에 있다. 자존심과 고집이 세고, 역마성으로 활동적이고 목표 달성을 위해 묵묵히 노력하는 성향이 강하며 독립적이고 주체적인 성격이다. 남성은 밖에서는 좋은 사람으로 소문날 정도나 집에서는 군왕처럼 행동한다.

돈보다 명예를 목숨처럼 중시하는 경향이 있고, 공무원, 군인, 경찰 등 공직, 부동산, 건축, 농업 분야에서 두각을 보인다.

35. 기유(己酉)

기유 일주는 기토(己土)와 식신인 유금(酉金)이 결합된 일주이다.

오곡이 무르익는 가을의 기름진 토양으로 만물이 완성되어 가는 형상이다. 두뇌가 비상하고 예술적 감각이 뛰어나다. 성정이 온순하고 예의가 바르며 인덕이 있어 주위의 인정을 받고 타인을 압도하는 힘도 있다. 지나치게 신중해 결단력이 약할 수 있다. 친밀한 관계에서 불현듯 서운함을 느끼고 의심이 많다.

체계적인 업무 처리와 분석 능력이 뛰어나 조직에서 인정을 받으며, 현실적이고 실용적인 성격을 바탕으로, 안정적으로 재물을 축적한다. 교육, 의약, 전문직 등에서 두각을 나타낸다.

36. 기해(己亥)

기해 일주는 기토(己土)와 정재인 해수(亥水)가 결합된 일주이다.

가을의 기운이 남아 있는 겨울의 정원으로 떨어진 열매로 기름진 영양이 있는 형상이다.

깔끔한 성격으로 깊은 속내를 드러내지 않고 비밀이 많아 겉과 속이 다를 수 있다. 두뇌가 총명하고 낭만적인 특성이 있고, 복잡한 상황에서도 핵심을 파악하고 논리적으로 판단하는 능력이 뛰어나다. 조용히 있다가 갑자기 폭발하는 성격은 자제해야 한다. 재물운이 좋으나 충동적 투자로 손실을 볼 수 있다. 공무원·대기업 등 안정적인 직업이 유리하고 예체능, 상담 분야에 적합하다.

37. 경자(庚子)

경자 일주는 경금(庚金)과 상관인 자수(子水)가 결합된 일주이다.

추운 겨울 물에 잠겨있는 바위로 눈과 매서운 바람을 홀로 버티는 강한 바위의 형상이다.

정신력이 강하고 우직하고 냉철하며 언어능력이 뛰어나다. 자기주장이 강하니 주변과 갈등을 초래할 수 있으나, 내면은 여리고 고독하며 타인의 말에 상처를 쉽게 받는다. 현실보다는 이상을 동경하는 면이 강하고, 여성은 남편을 무시하는 경향도 보인다.

창의력과 기획력이 좋고 집중력·꾸준함·분석력이 좋아 공직·대기업·금융업 등 직장에서 성공할 가능성이 높다.

38. 경인(庚寅)

경인 일주는 경금(庚金)과 편재인 인목(寅木)이 결합된 일주이다.

바위 위의 호랑이를 상징하며, 추진력과 리더십이 강한 성격을 가진다. 밝고 쾌활하며 뒤끝이 없고 진취적이다. 목표를 향해 강하게 나아가지만, 과도한 자신감으로 실패를 할 수 있어 세밀한 계획이 필요하다.

처세가 좋고 영리하며 돈보다 명예를 중시하나, 재물운이 강해 투자나 사업에서 두각을 나타낸다. 역마의 기운이 강해 이동, 활동이 많고 새로운 환경에 적응하는 능력이 뛰어나다. 여성은 활동력이 좋아 남편 역할을 한다.

39. 경진(庚辰)

경진 일주는 경금(庚金)과 편인인 진토(辰土)가 결합된 일주이다.

봄의 기운이 왕성한 들판에 있는 바위산 또는 큰 바위에 쉬고 있는 용으로 형상화한다. 자기주장이 강하고 두뇌 회전이 빠르며 인내심이 강하다. 신의가 깊고 포부도 원대하여 한번 맺은 인연은 오래도록 변함없이 이어간다.

뛰어난 언변과 지혜를 갖추었고, 창의적이다. 인내심과 전문성, 지도력이 요구되는 분야와 공직과 법조계, 예술, 학문, 철학, 종교 분야에서 두각을 나타낸다.

40. 경오(庚午)

경오 일주는 경금(庚金)과 정관인 오화(午火)가 결합된 일주이다.

뜨거운 여름의 바위산 또는 서쪽으로 질주하는 말을 형상화한다. 완벽주의적 성향과 강한 추진력을 지녔으며, 겉으로는 부드럽지만, 내면에 강한 카리스마가 있는 외유내강 성격이다. 알아주는 사람이 없어도 본인이 맡은 책임을 완수하고 일 처리가 뛰어나 주위의 호감을 얻는다. 오화의 강한 화기로 정신적 스트레스에 취약하다.

조직 생활에 유리하고 부와 성공을 추구하는 경향이 강하여 사회적 지위가 높아진다. 공연, 예술, 문화, 재무, 회계 등 체계적이고 원칙적인 분야에서도 성공 가능성이 높다.

12일 차.
일주로 본 성격 (3)

41. 경신(庚申)

경신 일주는 경금(庚金)과 비견인 신금(申金)이 결합된 일주이다.

강한 바위에 꽂힌 날카로운 칼로 강함을 상징하고, 끝이 뾰족하여 날카로움을 상징한다.

자존심과 고집, 신념이 강하고 승부욕과 추진력이 좋으며 결단력과 리더십이 뛰어나다. 대장부적인 기질이 있다. 감정을 숨기지 않고 솔직하여 시원시원하지만, 언행으로 남에게 상처를 줄 수 있다. 역마성이 있어 활동력이 좋다.

군인·검찰·경찰·의사·체육인·기술자·정치인 등 활동성과 권위를 보여주는 분야에서 성과를 낸다.

42. 경술(庚戌)

경술 일주는 경금(庚金)과 편인인 술토(戌土)가 결합된 일주이다.

땅속에 박혀있는 바위로 동물들의 쉼터, 먹이 저장소가 되기도 한다. 겉으로는 강하지만 내면에 따뜻함을 지닌 성품이다. 강한 자존심으로 쉽게 상처를 받고 질투심·고독함을 쉽게 느낀다. 주체성과 독립심이 강하고 자존심과 결단력이 강하다.

법조계, 공직, 경영기획, 군인 등 권력형 직업에 적합하다.

43. 신축(辛丑)

신축 일주는 신금(辛金)과 편인인 축토(丑土)가 결합된 일주이다.

옥구슬이 추운 겨울 땅속에 파묻혀 그 영롱함이 가려진 상태이다. 세상에서 빛을 발하고 싶은 동경과 세상에 대한 호기심이 가득하나, 현재의 상태에 신경이 예민하여 남이 건드리면 강한 스트레스를 받는다.

겉으로는 차분하나 내면에 강한 결단력과 인내심을 지녔으며, 고집이 세고 융통성이 부족하다. 자존심이 강하고 타인에 대한 의심이 많아 넓은 인간관계를 형성하는 데 어려움이 있다.

꼼꼼한 일 처리 능력과 현실적인 판단력, 분석력으로 기술자, 의사, 회계사 등 전문직에서 성공 가능성이 높다.

44. 신묘(辛卯)

신묘 일주는 신금(辛金)과 편재인 묘목(卯木)이 결합된 일주이다.

봄꽃을 가지치기하는 가위로 이해하면 성격적 이미지화가 쉽다.

현침살 기운이 강해 예민하고 초조하며 맺고 끊는 것이 분명하다. 호불호가 강해 한번 틀어지면 냉정하게 절연한다.

세밀한 관찰과 현실적 문제 해결 능력이 뛰어나고 정교한 작업에 강점을 보인다. 개척 정신이 있고 집념이 강해 사회에서 성공 가능성이 크다.

45. 신사(辛巳)

신사 일주는 신금(辛金)과 정관인 사화(巳火)가 결합된 일주이다.

여름의 강한 해 빛나는 보석, 보검으로 형상화된다. 자신을 뽐내려는 기질과 열정이 강하지만, 절제력이 뛰어나 겉으로는 표현하지 않는다. 감정을 쉽게 드러내지 않고 이성적판단을 중시하며 신뢰와 원칙을 중시한다.

분석력과 내재한 에너지를 바탕으로 한 전략·기획·금융·법률·마케팅 등에 적성이 있고, 체계화된 조직에서 일하는 데에서 두각을 나타낸다.

46. 신미(辛未)

신미 일주는 신금(辛金)과 편인인 미토(未土)가 결합된 일주이다.

여름의 절정에 익어가는 열매를 형상화한다. 열매를 맺는 가을까지는 묵묵히 자리를 지켜야 하므로 신념이 강하고 고집이 세다.

태풍과 날짐승에 피해를 볼까 하는 마음에 불안하고 예민하며 다소 까칠하다. 자존심이 강하고 독립적이며 내면의 갈등이 많아 결정장애를 겪기도 한다.

논리적이고 실용성과 섬세함, 예술성을 두루 갖춰 금융, 법률, 패션, 디자인, 연구 등에서 두각을 나타낸다.

47. 신유(辛酉)

신유 일주는 신금(辛金)과 비견인 유금(酉金)이 결합된 일주이다.

금이 두 개 결합한 빛나는 보석인 광명옥이라 한다. 금속으로 만든 닭으로 형상화하면 이해가 쉽다. 수탉은 추우나 더우나 항상 일정한 시간에 울어 새벽을 깨운다. 주관이 확고하고 고집이 세며, 세밀하고 이성적이다. 판단력이 좋고 세밀한 성격으로 장인정신과 프로의식이 뛰어나다.

정밀성·규칙성·집중력·분석력·신뢰감·완벽주의적인 성향이며, 기술과 예술적 재능이 뛰어나 법률·행정·금융·회계·엔지니어 방면에서 성과를 낸다.

48. 신해(辛亥)

신해 일주는 신금(辛金)과 상관인 해수(亥水)가 결합된 일주이다.

빛나는 보석을 물로 씻어내니, 깔끔하고 깨끗한 성격이다. 성품도 맑고 따뜻하며 정이 많아, 친구들이나 이성으로부터 인기가 좋다.

총명하고 다재다능하나 감성이 예민하고 신경이 날카로워 조그만 일에 상대와 등을 지고, 승부욕이 강하여 자기 마음대로 하는 교만심 또한 갖고 있다.

의사, 약사, 연구원, 교사, 교수, 강사, 상담업 등에서 두각을 나타낸다.

49. 임자(壬子)

임자 일주는 임수(壬水)와 양인인 자수(子水)가 결합된 일주이다.

눈 내리는 겨울 바다를 형상화하며, 물이 너무 넘치고, 깊다. 지혜가 있고 천성이 순박해 따르는 사람이 많지만,

본인의 말과 행동을 신중히 한다. 지적·정신적 깊이가 돋보이며, 겉으로 드러나지 않지만, 내면의 강인함이 있고 자기 생각과 감정을 잘 조절한다.

강한 정신력의 소유자로 의료계, 연구원, 개발자, 교육, 강사 등에 적성이 맞고, 화장품, 미용, 예체능 등 미적·예술적 감각이 필요한 직종에도 적합하다.

50. 임인(壬寅)

임인 일주는 임수(壬水)와 식신인 인목(寅木)이 결합된 일주이다.

강가에 봄을 기다리는 소나무로도, 물가에 앉은 호랑이로 보기도 한다. 인월 임수는 만물을 잉태시키는 계절의 물로 처세술이 뛰어나고, 기상이 굳고 의지가 강하다.

평생 의식주에 구애받지 않는 복덕을 타고났다. 실리적인 현실주의자이고, 부드러우면서 강한 위엄과 박력을 지녀 타인에게 존경을 받는다.

역마의 기운이 강해 활동성이 좋다. 창의력과 예술성이 뛰어나고 소통을 잘해 무역, 관광, 영업, 교수, 교사, 문학, 예술 등에 두각을 나타낸다.

51. 임진(壬辰)

임진 일주는 임수(壬水)와 편관인 진토(辰土)가 결합된 일주이다.

모내기를 위해 논에 가득 담아둔 물이다. 생명을 키워내야 하는 사명과 뜻을 품고 있어 신념이 강하고 도량이 넓으며 포부도 크다.

자존심이 강하고 인내심과 승부욕이 강하다. 다소 고집이 있으나 상황에 따라 포용할 줄 아는 처세도 갖췄다.

리더십과 추진력이 뛰어나 관리직이나 지도자 역할에 강점을 보이고, 개인사업, 독립적인 사업에서 성공 가능성이 높다.

52. 임오(壬午)

임오 일주는 임수(壬水)와 정재인 오화(午火)가 결합된 일주이다.

한여름에 내리는 폭우는 마른 계곡을 강으로 만들고, 대지를 호수로 만들 수 있을 정도로 극단적 변신을 만들어

내지만, 대지 위 생물에 생명력을 불어넣기도 한다. 극단적인 변신 능력이 있어 반전적인 삶을 살기도 하고, 더운 여름에 비가 내리니 다정다감하고 사교성이 좋다.

리더십과 책임감, 사명감, 창의력이 뛰어나다.

새로운 도전을 두려워하지 않는 진취적인 성향이고, 재물관리 능력이 뛰어나므로 직장보다는 개인사업에 적합하다.

53. 임신(壬申)

임신 일주는 임수(壬水)와 편인인 신금(申金)이 결합된 일주이다.

바위에서 맑고 깨끗한 물이 끊임없이 솟아나는 형상이다.

재물복과 인복이 풍부하고 호감형 외모가 많다. 예술적 감각이 뛰어나고 임기응변 재치가 능수능란하면 언변이 좋아 어떤 환경에서도 잘 적응한다. 복잡한 문제 해결 능력이 뛰어나고 조직관리에 강점이 있다. 총명하지만 사물의 한쪽만 보는 편견도 있다.

교육·기술·예술·공직 등 지적 활동이 필요한 직종에 적합하다.

54. 임술(壬戌)

임술 일주는 임수(壬水)와 편관인 술토(戌土)가 결합된 일주이다.

하류로 물을 공급하는 물의 원천으로, 인정이 많고 솔직담백하다. 강인함과 유연성을 동시에 지니며 대인관계가 좋고 사회적인 관계 형성에 탁월하다. 마음에 들면 잘하지만 비뚤어지면 한순간에 변하며, 다소 이기적이고 독선적일 수 있고 고집이 세다.

영감이 뛰어니며 덕을 베풀 줄 아는 성품이라 큰 부자의 기질을 가지고 있다. 요식업, 무역, 경영 등 변화와 도전을 즐기는 분야에서 성공 가능성이 높다.

55. 계축(癸丑)

계축 일주는 계수(癸水)와 편관인 축토(丑土)가 결합된 일주이다.

겨울 내리는 이슬비이다. 비로 그동안 쌓였던 눈을 녹여내고 새로운 세상을 꿈꾼다. 강한 추진력과 냉정한 성격으로 겉으로는 부드러우나 화가 나면 무서운 성향이다. 백호살과 양인살을 동시에 지니니 정신력이 강인하며, 자존심이 강하고 리더 기질이 강하다.

법조계·군인·검찰·경찰 등 권력과 명예를 지향하는 직업이나, 창의성과 세밀함을 요구하는 직업에 적합하다.

56. 계묘(癸卯)

계묘 일주는 계수(壬水)와 식신인 묘목(卯木)이 결합된 일주이다.

겨울에서 봄으로 전환을 재촉하는 봄비로 안정적이며 섬세하고 다정다감하다.

창의적이고 진취적이고 분석력과 신중함이 돋보이는데 결단력이 약할 수 있다. 이성에게 인기가 많으나 상처를 받는 경우가 많다.

천을귀인과 문창귀인을 동시에 지니니 학업능력이 뛰어나고 인복이 좋다. 교육·기획·상담·디자인·예술 등 창의성과 표현력이 수반되는 직업에서 두각을 나타낸다.

57. 계사(癸巳)

계사 일주는 계수(壬水)와 정재인 사화(巳火)가 결합된 일주이다.

꽃이 생동하는 초여름에 만물을 소생시키는 비로, 부드러우면서 지혜롭고 이해심이 많다.

천을귀인이 있어 귀인의 도움을 받고, 의식과 복록이 두텁다. 창의적이고 유머 감각이 뛰어나며 사교적이나 감정 기복이 있고 변덕이 심하며 조급한 성향이 단점이다.

창의력과 분석능력을 활용한 직업에 적합하며 공직, 행정, 대기업에서 성공 가능성이 높다.

58. 계미(癸未)

계미 일주는 계수(癸水)와 편관인 미토(未土)가 결합된 일주이다.

한여름 메마른 대지에 비가 내려, 만물의 소생을 돕는 상으로도, 비를 맞는 양의 상으로도 본다.

양은 온순해 보이나 고집이 세고 자신이 최고인 것으로 착각하는 성향이 있다. 또 겉으로는 대범해 보이나 조바심이 많고, 상대방을 믿지 못하여 사회생활에 적응이 떨어질 수 있다.

성품이 합리적이고 희생정신도 강하다. 출세욕이 있고 창의적이며, 위기 대처 능력, 인내심이 뛰어나다. 논리적 사고력이 필요한 직업 및 예술 및 창의적인 분야, 경제 및 금융 관련 직업에서 두각을 나타낸다.

59. 계유(癸酉)

계유 일주는 계수(癸水)와 편인인 유금(酉金)이 결합된 일주이다.

가을에 내리는 비는 그 소임을 다했다. 더 이상 열매 성장에 영향을 미치지 못하기 때문이다. 재능과 수완이 뛰어나지만, 노력 대비 결실이 적고 고독감을 느끼기 쉽다.

보석을 계수로 씻어내는 형상으로 깔끔하고 미모가 있고 끈기와 성취욕이 강하다. 영리하고 암기력이 좋아 예술성과 문학성이 뛰어나다. 자기 사업·장사보다는 전문자격이나 재능을 활용한 직업이 적합하다.

60. 계해(癸亥)

계해 일주는 계수(癸水)와 겁재인 해수(亥水)가 결합된 일주이다.

겨울 바다에 내리는 싸락눈으로 천간과 지지가 물이니 망망대해에 무한한 잠재력이 있고, 거칠 것이 없는 형상이다.

외유내강형으로 타인을 배려하는 마음도 깊으나 내면은 독립적이고 주도적인 성향이다. 과시욕과 경쟁심이 강하고 때로 과격해지는 경향이 있다. 머리가 비상하고 계획성이 뛰어나니 한번 집중하면 큰 성과를 이루어 낸다.

상담, 교육, 법률, 스포츠 등 표현력과 사회적 봉사와 교류를 하는 직업에서 두각을 나타낸다.

13일 차.
오행과 십신에 따른 직업

1. 오행에 따른 직업

사주에서 발달한 오행에 따라 성격과 성향적 특징이 나타나며, 그에 따라 적성에 맞는 직업도 찾을 수 있다.

(1) 목(木)

뛰어난 대인관계, 명예와 강한 자아, 꾸준함과 집중력을 바탕으로 한 직업이 적성에 맞는다.

전공	· 교육·역사·사회과학·상담심리 · 생명·의학·약학·한의학·생명공학 · 법학·인문사회·경영 · 언론정보·신문방송·국어국문·문예창작 · 디자인·건축·조경·실용음악 · 토목·농학과·축산학과·환경공학
직업	· 교사·교수·학원강사·강사·심리상담사 · 의사·약사·한의사·유전공학자·제약연구원 · 정치인·변호사·기업인 · 소설가·시인·작사가·기자·예술가·가수 · 패션디자이너·섬유·출판·인테리어

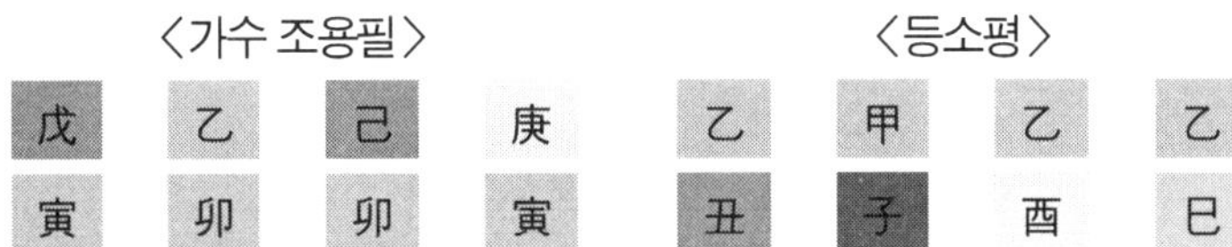

(2) 화(火)

열정과 넘치는 자신감, 적극적이고 활발함, 예절과 실천력, 예술성과 감수성을 바탕으로 한 직업과 화의 성정인 전기·전자·화학 분야의 직업이 적성에 맞는다.

전공	· 전기공학·전자공학·컴퓨터공학·반도체 · 화학·화학공학 · 신문방송·연극영화·실용음악 · 정치외교·어문계열·경영학 · 체육학·무용·사회체육·모델학 · 의학·약학·한의학·심리학 · 의상학·디자인·미대
직업	· 공학자·연구원·방산개발·프로그래머·반도체개발·통신업·IT기업 · 화학약품·화학엔지니어·정유·가스업 · PD·기자·아나운서·예능인·가수·방송인·작가·촬영·음향감독 · 운동선수·무용가·연주가·모델·운동강사 · 정신과의사·심리학자·심리상담사 · 디자이너·실내인테리어·헤어디자이너

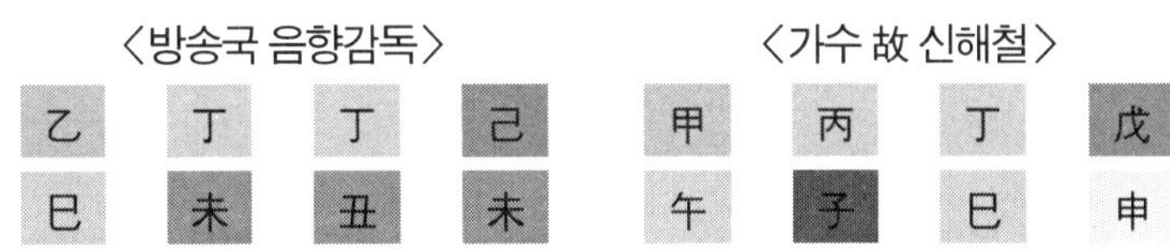

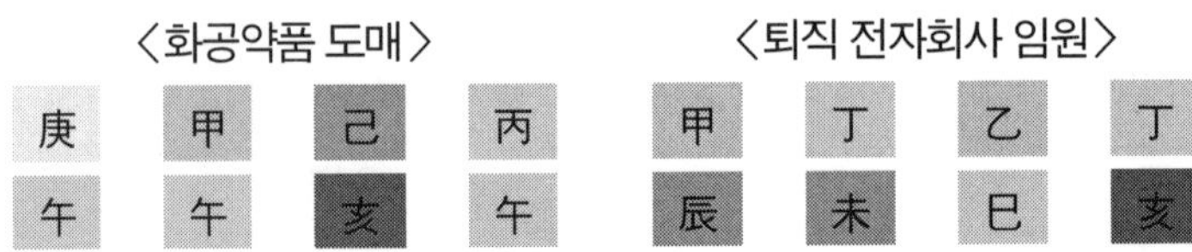

(3) 토(土)

믿음과 신뢰, 강한 책임감, 중재와 타협, 끈기와 집념 등을 바탕으로 한 직업과 토의 성정인 부동산·건축·농업 분야의 직업이 적성에 맞는다.

전공	· 건축·토목·도시공학·조경·환경·부동산학 · 정치외교·행정·무역·어문학 · 의학·한의학 · 농학과·농생물·원예·축산학 · 종교학·철학·심리학·사회학 · 사관학교·법정계열·교대·체육
직업	· 건축사·토목기사·측량기사·조경기사·부동산 개발·투자·매매·중개 · 공무원·외교관·무역업·정치가·기업인 · 피부과 의사·소아과 의사·한의사 · 농업·낙농·농산물 도소매·원예·임업 · 종교인·심리학자·상담업·역술인 · 군인·교도관·교사·스포츠인

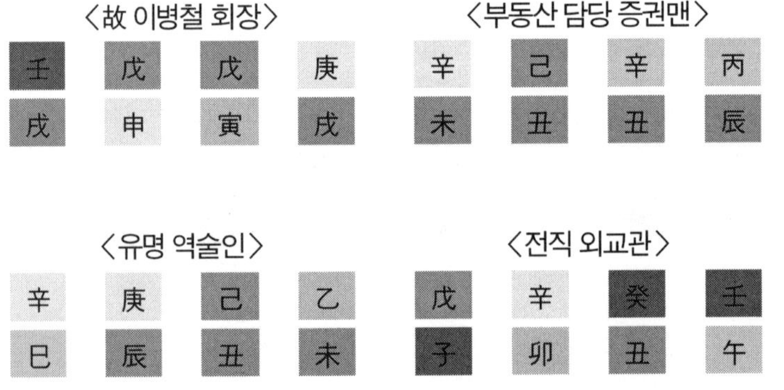

(4) 금(金)

자기 절제와 원칙, 결단력과 깔끔한 마무리, 의리와 정의감, 빠른 손익계산과 포커페이스 등을 바탕으로 한 직업과 금의 성정인 금융·금속·자동차 분야의 직업이 적성에 맞는다.

전공	· 금속·조선·기계·로봇·자동차·컴퓨터공학 · 경찰행정·사관학교·무도학과·체육학 · 보석세공·금속가공·금형 · 경영·경제·회계·세무·법학 · 의학·약학·치대 · 해양대·운수·철도대·항공운항
직업	· 엔지니어·과학자·공학자·자동차정비·IT엔지니어 · 경찰·군인·경호원·스포츠인·정보요원 · 보석세공사·금속디자이너·금속엔지니어 · 금융업·변호사·회계사·세무사 · 정형외과의사·피부과의사·치과의사 · 선박운항·파일럿·철도기관사·중장비운전

(5) 수(水)

빠른 두뇌 회전과 지혜, 융통성과 계획성, 상상력과 창의력, 배려심과 침착함, 수리적이고 계산적인 성향을 바탕으로 한 직업과 수의 성정인 해운·물·생명·주류 관련 분야 직업이 적성에 맞는다.

전공	· 경영·경제·법학·무역·회계·세무 · 물리·생물·생명·유전공학·수학·전산·전자·정보처리 · 어문계열·교육·광고홍보, 문학·문예창작 · 해사·수산·해양·환경공학·해운·유통 · 의학·임상병리
직업	· 금융업·변호사·법관·회계사·세무사 · 물리학자·생물학자·수학자·엔지니어·유전공학자·생명공학자·제약회사 · 외교관·교육자·작가·광고·홍보 · 해군장교·어업·양식·환경기사·하수처리 · 산부인과의사·비뇨기과의사·임상병리사 · 유흥업·커피숍·목욕탕

2. 십신에 따른 직업

(1) 비견

정직과 원만한 대인관계, 자립심과 자신감, 독립심과 통솔력을 바탕으로 한 직업이 적성에 맞는다.

순위	직업
1순위	· 기획·전략·연구 · 전문자격증·특수기술·통역 · 아나운서·MC·리포터·연예인·예술인 · 디자이너·요식업·숙박업·건설업
2순위	· 교수·교사 · 공무원·소방·경찰·군인

(2) 겁재

일에 대한 의욕, 독립심과 자립심, 강한 자존심과 적극적이고 강인한 성격을 바탕으로 한 직업이 적성에 맞는다.

순위	직업
1순위	· 공무원·소방·경찰·군인 · 정치인·사업가 · 금융업 · 아나운서·MC·리포터·연예인·예술인
2순위	· 연구원·회사원·관리직 · 대부업·요식업·건설업 · 전문자격증·특수기술·통역

(3) 식신

뛰어난 감각과 반짝이는 아이디어, 명랑하고 활동적인 성격, 이상보다는 현실을 추구하는 합리성, 논리적이고 체계적인 성격을 바탕으로 한 직업이 적성에 맞는다.

1순위	· 기획·출판·연구 · 회계·통계·세무 · 판사·변호사·공무원 · 교사·강사·학원사업 · 의사·보건·건축·토목
2순위	· 연예인·MC·신문인·방송인 · 요식업 · 종교인

(4) 상관

뛰어난 언변과 활동적이고 적극적인 성격, 개방적이고 자유분방한 성격과 추진력, 문학 및 예술적 능력을 바탕으로 한 직업이 적성에 맞는다.

1순위	· 아나운서·MC·가수·배우·탤런트 · 정치인·검사·변호사 · 언론인·종교인 · 수학·순수과학·엔지니어·건축·토목 · 경제학자·회계사·세무사·통계처리·설계
2순위	· 학원강사·교사·교수 · 관광·이벤트·서비스업 · 중장비운전·운수·건설장비 · 스포츠·패션·의류

(5) 편재

원만한 대인관계, 상대를 배려하는 마음, 순발력과 민첩성, 요령과 기교 있는 융통성, 현실적이며 이재에 밝은 성격을 바탕으로 한 직업이 적성에 맞는다.

1순위	· 증권·운용사 등 금융계통 종사 · 경제학자·경영학자·회계사·변리사 · 경제부처 공무원·외교관·의사·변호사 · 부동산시행·개인사업
2순위	· 유흥서비스업·레크리에이션 · 보험영업·자동차세일즈·마케팅 · 연예인·운동선수

(6) 정재

성실하고 정직하며, 원만한 대인관계, 계산적이고 합리성, 꾸준함과 통찰력 등을 바탕으로 한 직업이 적성에 맞는다.

1순위	· 은행·보험·연기금 등 금융계통 종사 · 대기업·공무원·군인·경찰 · 의사·변호사·변리사·회계사·세무사 · 순수과학·연구·사회과학 · 심리·철학·인문과학
2순위	· 자영업 · 보험영업·자동차세일즈 · 통신

(7) 편관

계획적이고 체계적인 성격, 뛰어난 책임감, 재물보다는 명예, 결단력과 리더십, 개척정신과 모험심 등을 바탕으로 한 직업이 적성에 맞는다.

1순위	· 첨단 분야 사업가 · 판사·검사·정치인·의사 · 군인·경찰·소방관·교도관 · PD·프리랜서 작가 · 전문 자격증, 전문 기술을 이용한 직종
2순위	· 자유로운 직장 · 보험영업·자동차세일즈 · 교수·교사

(8) 정관

안정적이고 현실적인 성격, 은근과 끈기의 성실함, 가정과 조직에 순응하는 자세, 섬세한 감정, 인간적인 면모와 명예욕 등을 바탕으로 한 직업이 적성에 맞는다.

1순위	· 은행·보험·연기금 등 금융계통 종사 · 행정·교육 공무원 · 심리학자·상담학자·교수 · 문학·소설가·예술가 · 과학자·정신과의사
2순위	· 유행을 따르지 않는 직업 · 종교인

(9) 편인

풍부한 창의력과 아이디어, 끈기와 집념, 한 분야의 특출난 재능 등을 바탕으로 한 직업이 적성에 맞는다.

순위	직업
1순위	· 한의사·의사·약사 · 스포츠인·가수·탤런트·배우 · 건축·토목·컴퓨터·AI · 역사학자·고고학자·철학자·역술인
2순위	· 펀드매니저·애널리스트 · 통역·번역 · 간호사·한약·침술·안마 · 성악·화가·사진

(10) 정인

강한 신념과 책임감, 인내심과 명예지향적 성격, 뛰어난 직관력과 감각, 원만한 대인관계와 따뜻한 마음 등을 바탕으로 한 직업이 적성에 맞는다.

순위	직업
1순위	· 교수·판사·검사 · 음악·화가·사진·광고·문학 · 언론·잡지·출판·방송인 · 교사·학원·교육분야 · 공무원·연구원
2순위	· 스포츠인·연예인 · 건축·토목·부동산업

14일 차.
사례를 통한 적성, 직업

1. 스포츠인- 박찬호 야구선수(음력 73.6.29, 15:50)

목	목	토	수
겁재	일간	편재	편인
甲	乙	己	癸
申	丑	未	丑
금	토	토	토
정관	편재	편재	편재
망신 천을 천덕 월덕	화개	월살	화개 백호

일주	목	화	토	금	수	강약
甲	2		4	1	1	토
申	20		65	10	5	왕

비견	겁재	식신	상관	편재	정재	편관	정관	편인	정인	성향
	1			4			1	1		편재

오행	토: 믿음과 신뢰, 강한 책임감을 바탕으로 한 직업
십신	편재: 순발력과 민첩성을 바탕으로 한 직업
일주	갑신: 위계질서가 명확하고 예체능 분야에 재능
신살	· 천을: 재물복·부인복이 좋음, 귀인의 도움 · 천덕: 관운이 좋고 흉액 예방 · 백호: 강한 기세, 추진력, 독립적 직업

2. 군인 - 前 24대 해병대사령관(양력 46.1.30, 04:30)

화	목	토	목
식신	일간	정재	겁재
丙	甲	己	乙
寅	辰	丑	酉
목	토	토	금
비견	편재	정재	정관
겁살 역마 겁살 원진 건록	천살 화개 금여 백호 급각	화개 반안 천을	장성 연살

일주	목	화	토	금	수	강약
甲	3	1	4	1		토
辰	25	10	55	10		왕

비견	겁재	식신	상관	편재	정재	편관	정관	편인	정인	성향
1	1	1		1	2		1			정재

오행	토: 믿음과 신뢰, 강한 책임감을 바탕으로 한 직업
십신	정재: 성실함과 꾸준함을 바탕으로 한 직업
일주	갑신: 위계질서가 명확하고 예체능 분야에 재능
신살	· 천을: 재물복·부인복이 좋음, 귀인의 도움 · 금여: 금수레 탐, 타인의 존경을 받음 · 백호: 강한 기세, 추진력, 독립적 직업 · 건록: 출세와 부귀

3. 의사 - 의대교수(양력 67.1.23, 20:30)

금	화	금	화
정재	일간	편재	겁재
庚	丁	辛	丙
戌	亥	丑	午
토	수	토	화
상관	정관	식신	비견
화개 천살 월덕 천덕 괴강	겁살 지살 천을	천살 월살 원진	장성 육해 건록

일주	목	화	토	금	수	강약
丁		3	2	2		토, 화
亥		25	40	20	15	왕

비견	겁재	식신	상관	편재	정재	편관	정관	편인	정인	성향
1	1	1	1	1	1		1			식신

오행	토: 믿음과 신뢰, 강한 책임감을 바탕으로 한 직업 화: 열정가 적극성, 실천력을 바탕으로 한 직업
십신	십신이 편중되지 않을 경우, 월지의 십신을 따른다. 식신: 현실성과 논리적, 체계적인 직업
일주	정해: 리더십과 만인에게 존경받는 직업
신살	· 천을: 재물복·부인복이 좋음, 귀인의 도움 · 월덕: 조상의 덕으로 무병장수 · 천덕: 하늘의 덕으로 흉액을 막음 · 건록: 출세와 부귀 · 괴강: 비범하고 통솔력 있음

4. 정치인 - 안희정 전 충남도지사(양력 67.12.1, 10:30)

토	목	목	목
정재	일간	겁재	비견
己	甲	乙	甲
巳	申	亥	辰
화	금	수	토
식신	편관	편인	편재
겁살 천주 관귀 고신	지살 월덕	망신 천덕 문곡 암록 고신	화개 월덕 금여 백호

일주	목	화	토	금	수	강약
甲	3	1	2	1	1	목, 수
申	25	10	20	15	30	왕

비견	겁재	식신	상관	편재	정재	편관	정관	편인	정인	성향
1	1	1		1	1	1		1		편인

오행	목: 뛰어난 대인관계, 명예와 강한 자아 수: 빠른 두뇌 회전, 수리적 계산적
십신	십신이 편중되지 않을 경우, 월지의 십신을 따른다. 편인: 아이디어, 끈기와 집념, 특출난 재능의 직업
일주	갑신: 위계질서가 명확, 정치 및 사회운동 분야
신살	· 월덕: 조상의 덕으로 무병장수 · 금여: 금수레 탐, 타인의 존경을 받음 · 망신: 망신당하고 이혼·사별 · 고신: 부부간 불화, 별거·이혼·사별 · 관귀: 승진과 영전이 순조로움

5. 언론인 - 김어준(양력 68.12.4, 04:30)

목	토	수	토
편관	일간	정재	비견
甲	戊	癸	戊
寅	申	亥	申
목	금	수	금
편관	식신	편재	식신
역마 월덕 문곡 학당	지살 문창 암록	망신 관귀 고신	지살 암록

일주	목	화	토	금	수	강약
戊	2		2	2	2	금, 수
申	20		15	25	40	왕

비견	겁재	식신	상관	편재	정재	편관	정관	편인	정인	성향
1		2		1	1	2				식신, 편관

구분	내용
오행	금: 자기 절제, 결단력, 포커페이스 수: 빠른 두뇌 회전, 수리적 계산적
십신	식신: 뛰어난 감각, 명랑하고 활동적인 직업 편관: 계획적, 체계적, 재물보다 명예, 개척 정신
일주	무신: 강한 의지, 자수성가, 독립적 직업
신살	· 암록: 주위의 음덕과 귀인의 도움 · 관귀: 승진과 영전이 순조로움 · 고신: 부부간 불화, 별거·이혼·사별 · 문창: 뛰어난 학문적 재능 · 월덕: 조상의 덕으로 무병장수

6. 공무원 - 前 세무서장(양력 75.11.21, 23:00)

토	금	화	목
편인	일간	편관	편재
己	辛	丁	乙
亥	未	亥	卯
수	토	수	목
상관	편인	상관	편재
지살 금여 태극	화개	지살 금여 태극	장성 천덕

일주	목	화	토	금	수	강약
辛	2	1	2	1	2	토, 금
未	15	10	25	10	40	왕

비견	겁재	식신	상관	편재	정재	편관	정관	편인	정인	성향
			2	2		1		2		상관, 편재 편인

오행	토: 믿음과 신뢰, 강한 책임감, 끈기와 집념 금: 자기 절제, 결단력, 정의감, 빠른 손익계산
십신	월지 십신의 영향이 가장 크다. 상관: 뛰어난 언변, 적극적, 추진력 편재: 순발력과 민첩성, 이재에 밝음 편인: 풍부한 아이디어, 끈기와 집념
일주	신미: 강한 신념, 자존심, 논리적 직업
신살	· 금여: 금수레 탐, 타인의 존경을 받음 · 태극: 입신양명하여 부하 거느림 · 천덕: 하늘의 덕으로 흉액을 막음 · 월덕: 조상의 덕으로 무병장수

7. 교수 - 광고학 교수(양력 52.11.19, 12:30)

금	토	금	수
상관	일간	식신	정재
庚	己	辛	壬
午	巳	亥	辰
화	화	수	토
편인	정인	정재	겁재
재살 건록 도화	겁살	망신 관귀 역마	화개 괴강 급각

일주	목	화	토	금	수	강약
辛		2	2	2	2	수, 화
未		25	20	20	35	왕

비견	겁재	식신	상관	편재	정재	편관	정관	편인	정인	성향
	1	1	1		2			1	1	정재

오행	수: 상상력과 창의력, 지혜와 침착함 화: 열정과 예술성, 감수성
십신	정재: 성실과 정직, 통찰력, 원만한 대인관계
일주	기사: 뛰어난 언변, 분석력, 현실적 사고
신살	· 괴강: 비범하고 통솔력 있음 · 관귀: 승진과 영전이 순조로움 · 역마: 활동력과 승부욕 · 도화: 끼와 매력 발산 · 건록: 출세와 부귀

8. 운수 - 건설중장비 운전(양력 51.1.23, 18:30)

금	수	토	금
편인	일간	편관	정인
辛	癸	己	庚
酉	亥	丑	寅
금	수	토	목
편인	겁재	편관	상관
육해 원진 문곡	겁살 역마	천살 암록	지살 월덕 고신 역마

일주	목	화	토	금	수	강약
癸	1		2	3	2	토, 금
亥	10		40	25	25	왕

비견	겁재	식신	상관	편재	정재	편관	정관	편인	정인	성향
	1		1			2		2	1	편관, 편인

오행	토: 부동산·건축 관련 분야 금: 금속·자동차 분야
십신	편관: 뛰어난 책임감, 전문 기술을 이용한 직종 편인: 끈기와 집념, 한 분야의 특출난 재능
일주	계해: 외유내강형, 독립적이고 주도적인 성향
신살	· 월덕: 조상의 덕으로 무병장수 · 역마: 활동력과 이동 · 문곡: 학문적 재능 뛰어남

9. 사업 - 영화관 건축 및 운영(양력 74.5.12, 04:00)

목	수	토	목
상관	일간	편관	상관
甲	癸	己	甲
寅	丑	巳	寅
목	토	화	목
상관	편관	정재	상관
지살 금여 고신	천살 암록 백호	망신 천을 태극 고신	지살 금여 고신

일주	목	화	토	금	수	강약
癸	4	1	2		1	목, 화
丑	35	30	25		10	왕

비견	겁재	식신	상관	편재	정재	편관	정관	편인	정인	성향
			4		1	2				상관

오행	목: 부동산·건축 관련 분야 화: 열정과 예술성, 연극·영화 분야
십신	상관: 뛰어난 언변과 개방적, 자유분방함
일주	계축: 강한 추진력과 냉정함, 창의성과 세밀함
신살	· 금여: 금수레 탐, 타인의 존경을 받음 · 천을: 재물복 좋음, 귀인의 도움 · 백호: 강한 기세, 추진력, 독립적 직업 · 암록: 주위의 음덕과 귀인의 도움

10. 공무원 - 소방관(양력 70.9.1, 08:30)

토	목	목	금
편재	일간	비견	편관
戊	甲	甲	庚
辰	申	申	戌
토	금	금	토
편재	편관	편관	편재
월살 화개 백호 금여	역마	역마	화개 괴강

일주	목	화	토	금	수	강약
甲	2		3	3		금
申	20		30	50		왕

비견	겁재	식신	상관	편재	정재	편관	정관	편인	정인	성향
1				3		3				편관

오행	금: 자기 절제와 원칙, 결단력과 정의감
십신	편관: 계획적, 명예지향, 결단력과 리더십
일주	갑신: 위계질서가 명확, 준비와 적응력
신살	· 괴강: 비범하고 통솔력 있음 · 금여: 금수레 탐, 타인의 존경을 받음 · 백호: 강한 기세, 추진력, 독립적 직업 · 화개: 종교·철학에 심취

11. 회사원 - 대기업 임원(양력 73.3.4, 19:00)

수	토	목	수
편재	일간	정관	편재
癸	己	甲	癸
酉	亥	寅	丑
금	수	목	토
식신	정재	정관	비견
장성 문창 학당	역마 관귀	겁살 고신 역마	화개 태극 백호

일주	목	화	토	금	수	강약
己	2		2	1	3	목, 수
亥	40		20	10	30	왕

비견	겁재	식신	상관	편재	정재	편관	정관	편인	정인	성향
1		1		2	1		2			정관

오행	목: 뛰어난 대인관계, 꾸준함과 집중력, 명예지향 수: 수리적이고 계산적, 지혜와 융통성
십신	정관: 안정적, 현실적, 조직에 순응
일주	기해: 총명하고 논리적, 대기업·공직 등 안정적 직장
신살	· 태극: 입신양명하여 부하 거느림 · 백호: 강한 기세, 추진력 · 역마: 활동성 강함 · 관귀: 승진과 영전이 순조로움 · 문창: 학문적 재능 뛰어남 · 학당: 학문적 재능 뛰어남

12. 스포츠인 - 허재 농구선수(양력 65.9.28, 18:30)

목	목	목	목
비견	일간	비견	비견
乙	乙	乙	乙
酉	酉	酉	巳
금	금	금	화
편관	편관	편관	상관
장성	장성	장성	지살 관귀 금여

일주	목	화	토	금	수	강약
乙	4	1		3		금
酉	35	10		55		왕

비견	겁재	식신	상관	편재	정재	편관	정관	편인	정인	성향
2			1			3				편관

오행	목: 꾸준함과 집중력, 명예지향 금: 자기 절제와 원칙, 결단력과 정의감
십신	편관: 계획적, 명예지향, 결단력과 리더십
일주	을유: 내면 의지 강함, 뛰어난 생존력
신살	· 관귀: 승진과 영전이 순조로움 · 금여: 금수레 탐, 타인의 존경을 받음

13. 금융인 - 증권사 전무(양력 66.8.7, 4:30)

목	토	목	화
편관	일간	정관	편인
甲	戊	乙	丙
寅	戌	未	午
목	토	토	화
편관	비견	겁재	정인
지살 월덕 천덕	화개 태극 괴강	반안 금여 백호	장성 양인 천의

일주	목	화	토	금	수	강약
戊	3	2	3			토
戌	30	15	55			왕

비견	겁재	식신	상관	편재	정재	편관	정관	편인	정인	성향
1	1					2	1	1	1	편관

구분	내용
오행	토: 믿음과 신뢰, 강한 책임감을 바탕으로 한 직업 목: 꾸준함과 집중력, 명예지향
십신	편관: 계획적, 명예지향, 결단력과 리더십
일주	무술: 명예와 자존심, 책임감과 신뢰성
신살	· 양인: 강한 정신력, 감정의 절제 · 천의: 종교적·철학적 자질 · 금여: 금수레 탐, 타인의 존경을 받음 · 태극: 입신양명하여 부하 거느림 · 월덕: 조상의 덕으로 무병장수 · 괴강: 비범하고 통솔력 있음 · 천덕: 하늘의 덕으로 흉액을 막음

14. 공무원 - 경찰 고위직(양력 76.2.6, 12:30)

토	토	금	화
비견	일간	식신	편인
戊	戊	庚	丙
午	子	寅	辰
화	수	목	토
정인	정재	편관	비견
재살 양인	장성	역마 문곡 학당	화개 태극 월덕

일주	목	화	토	금	수	강약
戊	1	2	3	1	1	목, 토
子	30	15	30	10	15	왕

비견	겁재	식신	상관	편재	정재	편관	정관	편인	정인	성향
2		1			1	1		1	1	비견

오행	토: 믿음과 신뢰, 강한 책임감을 바탕으로 한 직업 목: 꾸준함과 집중력, 명예지향
십신	비견: 독립심과 통솔력, 자립심과 자신감
일주	무자: 신중과 포용, 안정 중시
신살	· 태극: 입신양명하여 부하 거느림 · 월덕: 조상의 덕으로 무병장수 · 문곡: 학문적 재능 뛰어남 · 학당: 학문적 재능 뛰어남 · 양인: 강한 정신력, 감정의 절제

15. 예술인 - 기안84(양력 84.10.22, 10:29)

토	토	목	목
비견	일간	정관	정관
己	己	甲	甲
巳	丑	戌	子
화	토	토	수
정인	비견	겁재	편재
겁살	반안 태극	월살	장성 천을

일주	목	화	토	금	수	강약
己	2	1	3		1	토
丑	15	10	65		10	왕

비견	겁재	식신	상관	편재	정재	편관	정관	편인	정인	성향
2	1			1			2		1	겁재

오행	토: 믿음과 신뢰, 강한 책임감을 바탕으로 한 직업
십신	겁재: 문학 및 예술적 능력, 개방적, 자유분방
일주	기축: 성실함, 우직함, 타인 배려, 갈등 회피
신살	· 천을: 재물복·부인복이 좋음, 귀인의 도움 · 태극: 입신양명하여 부하 거느림

16. 예술인 - 피아니스트(여, 양력 79.10.30, 05:00)

토	금	목	토
편인	일간	편재	정인
戊	庚	甲	己
寅	午	戌	未
목	화	토	토
편재	정관	편인	정인
망신 태극 관귀	육해	천살 금여	화개 천을

일주	목	화	토	금	수	강약
庚	2	1	4	1		토
午	20	15	55	10		왕

비견	겁재	식신	상관	편재	정재	편관	정관	편인	정인	성향
				2			1	2	2	편인

오행	토: 믿음과 신뢰, 강한 책임감을 바탕으로 한 직업
십신	편인: 창의력과 아이디어, 한 분야의 재능
일주	경오: 완벽주의, 외유내강, 책임 완수
신살	· 천을: 재물복 좋음, 귀인의 도움 · 금여: 금수레 탐, 타인의 존경을 받음 · 태극: 입신양명하여 부하 거느림 · 관귀: 승진과 영전이 순조로움

17. 연예인 - 탤런트(여, 양력 93.01.25, 10:00)

수	화	수	수
정관	일간	정관	편관
癸	丙	癸	壬
巳	午	丑	申
화	화	토	금
비견	겁재	상관	편재
겁살 천주 건록 망신	재살 양인 고란	반안 원진 귀문	지살 역마 관귀

일주	목	화	토	금	수	강약
庚		3	1	1	3	화
午		35	30	10	25	왕

비견	겁재	식신	상관	편재	정재	편관	정관	편인	정인	성향
1	1		1	1		1	2			상관

오행	화: 열정 및 적극성, 자신을 드러내는 직업
십신	상관: 뛰어난 언변과 개방적, 자유분방함
일주	병오: 남의 마음을 끄는 매력, 열성적, 호탕하고 개방적인 성격, 독립적 직업에 적합
신살	· 역마: 활동성 강함 · 관귀: 승진과 영전이 순조로움 · 원진: 누군가를 이유 없이 미워하는 성격 · 귀문: 신경 예민, 정신적 스트레스, 우울증 · 망신: 인기 상승, 깜작 재물 · 건록: 명예와 지위 상승